Jackie & John

Du même auteur

Christophe, mon père inconnu (avec Romain Vidal), Robert Laffont, 2023.

Belmondo entre deux vies, Robert Laffont, 2021 ; Litos, 2023.

La Dernière Vie de Serge Gainsbourg, Le Cherche-Midi éditeur, 2021.

Didier Deschamps. La victoire et rien d'autre, Le Rocher, 2021 ; Litos, 2022.

Les Héritiers, Éditions Anne Carriere, 2019.

La Dernière Vie de Romy Schneider, Éditions du Rocher, 2018 ; Le Rocher Poche, 2022.

Les Politiques aussi ont une mère, avec Olivier Biscaye, Albin Michel, 2017.

Football, la mauvaise passe, First Document, 2016.

Sempé, le rêve dessiné, À dos d'âne, 2014.

La Face cachée de Didier Deschamps, First Document, 2013.

Morts étranges 2, L'Archipel, 2012.

Annie Girardot, une vie dérangée, Flammarion, 2011 ; Archipoche, 2012.

Morts étranges, L'Archipel, 2010 ; Archipoche, 2011.

Dalida, une vie brûlée, L'Archipel, 2007 ; Archipoche, 2013.

Coluche, toujours vivant, Payot, 2006 ; Archipoche, 2015.

Ces maladies créées par l'homme, avec Dominique Belpomme, Albin Michel, 2004.

La Double Mort de Romy, Albin Michel, 2002 ; Pocket, 2010.

Mouna Ayoub, l'autre vérité, Presses du Châtelet, 2001.

Je dis tout – Les secrets de l'OM sous Tapie, avec Jean-Pierre Bernes, Albin Michel, 1995.

J'irai plaider sur vos tombes, entretiens avec Gilbert Collard, Michel Lafon, 1993.

McEnroe, champion rebelle, Calmann-Lévy, 1981.

Borg, Connors, Vilas, les Cannibales, avec Francis Haedens, Calmann-Lévy, 1978.

(Suite p. 231)

Bernard Pascuito

Jackie & John
Un couple impossible

éditions du
ROCHER

Éditions du Rocher
28 rue Comte Félix Gastaldi – BP 521 – 98015 Monaco

www.editionsdurocher.fr

ISBN : 978-2-268-10960-2
EAN epub : 9782268109909

« Toute cette lumière qu'il avait en lui
disparue à jamais… »

Jackie Kennedy,
14 janvier 1964.

1

L'amour au-dessus des illusions

Un jour, ils ont compris qu'ils étaient inséparables, mais il était trop tard. Leur mariage a vécu dix ans (1953-1963). En temps réel, c'est beaucoup moins.

Leur couple était trop souvent une illusion à laquelle le monde entier se laissait prendre. Tout était trompeur : le dynamisme et la vitalité de John, rayonnant de santé sous l'œil des photographes, les sourires abîmés de Jackie, drapée dans des tailleurs de grands couturiers et une tristesse indécise.

Un mariage fabuleux, avec plus de sept cents invités, qui avait confirmé aux sceptiques que l'amour n'est pas une affaire de sentiments mais de volonté. *Leur* mariage leur appartenait si peu. Le contrat administratif qu'il scellait arrangeait tout le monde. La carrière de John, la sécurité de Jackie. Mais eux ? Ils avaient à peine pris le temps de se jauger. La séduction n'était pas encore leur obsession. Pour chercher à conquérir l'autre, il fallait commencer par s'avouer un sentiment amoureux qu'ils ne maîtrisaient pas tellement.

Ils ont longtemps été désordonnés, furieux ou indifférents selon les moments, capables de se lacérer, bouillants de colère ou de rancœur, ignorants presque jusqu'au bout de la passion qui sourdait, ou feignant de l'ignorer. L'un contre l'autre, mais soudés l'un à l'autre, ils étaient un couple impossible, sans repère, confus, nourri par d'étranges émotions qui s'emmêlaient les pinceaux au premier cahot.

Ils n'avaient pas appris à vivre ensemble. Ils n'avaient d'ailleurs pas appris à vivre. Il leur avait fallu subir, d'abord et longtemps. Jamais on ne leur avait appris à s'aimer eux-mêmes. Même un tout petit peu. Alors, ils partaient de loin.

Pour lui, une enfance maladive, le danger de mort, tout le temps, les comparaisons écrasantes avec son frère aîné, la froideur de la mère, le mépris du père avant qu'il devienne, comme un pis-aller, héritier par défaut.

Pour elle, les chagrins d'une enfant de divorcés, la souffrance jamais éteinte de voir son père fracassé, rabaissé, l'humiliation de devoir son train de vie, dès l'adolescence, à un riche beau-père. Le regard sévère d'une mère obsédée par l'idée de la caser.

À les regarder vivre pendant les premières années, on aurait pu penser qu'ils incarnaient une forme de couple idéal sans l'épanouissement qui est censé aller avec. Les larges sourires de John étaient pour les photographes et les électeurs qu'il voulait apprivoiser. Jackie ne souriait pas trop, comme si elle n'avait jamais appris, ou qu'elle avait oublié. Elle mettait toujours des gants en public pour cacher qu'elle se rongeait les ongles jusqu'au sang, et camouflait ses hontes et ses chagrins sous une enveloppe d'austérité.

Lui, dissimulait ses béquilles, ses maladies et ses turpitudes pour mieux donner l'image d'un jeune homme innocent et en bonne santé qu'il n'avait jamais été.

Ils ont passé du temps à escamoter les vérités, créer des silhouettes menteuses, des expressions qui ne leur ressemblaient pas. Ils auraient pu s'aimer en toute simplicité car, à bien y regarder, ils se convenaient parfaitement. Hélas, on ne leur avait pas non plus appris à aimer ni à être aimé. Toute la difficulté était là.

Jackie et John, c'est une histoire américaine, un roman qu'aurait pu écrire le Scott Fitzgerald de *Tendre est la nuit*. Il n'était pas question de bonheur, jamais, plutôt de faire son devoir, surtout quand le pays avait choisi de porter John à sa tête.

Par ailleurs, les duperies s'amoncelaient, les rancœurs aussi. C'était lui le plus en faute et il le savait. De ses divers maux il souffrait dans sa chair, lui-même faisait souffrir sa femme dans son âme, mais il se réfugiait dans la conviction profonde – presque religieuse – qu'elle était *sa* femme, celle de toute une vie, et à vrai dire la seule. De quoi apaiser les remords et lui permettre de traîner ailleurs avec l'allégresse de ceux qui savent qu'ils vont mourir jeunes. Ça, il l'avait toujours su.

Elle s'illusionnait sur lui car, malgré ses griefs, elle le plaçait au-dessus des illusions. Il faisait son admiration d'abord pour son intelligence inouïe, ensuite pour son courage surhumain.

La tragédie était leur meilleure compagne depuis longtemps. Ils savaient ce que c'est que de perdre un enfant. Trois mois plus tôt, encore, la vie était sortie de ses gonds. Ils auraient pu ne jamais s'en remettre, mais à leur grand étonnement, c'est leur amour, profond, enfin dévoilé, qui les avait sauvés du désespoir. Il était temps.

22 novembre 1963, Dallas. Des fenêtres s'ouvraient pour faire entrer la vie. Une vie nouvelle qui ressemblait à ces

journées d'été quand le soleil brûle. Ses rayons, impitoyables, percent le ciel. La chaleur assomme le décor, l'air est rare, la lumière est meurtrière. Tout est bien limpide, parfait. Le drame peut éclater.

Depuis que John était président, Jackie disait qu'ils étaient des « cibles vivantes », mais ils continuaient à vivre comme si cela devait ne jamais cesser.

En descendant d'Air Force One qui venait d'atterrir, il lui avait pris la main. C'était la première fois en trois ans.

2

La mort dans l'âme

Il n'était pas né pour être le premier. Dure réalité dans son monde sans pitié, même s'il serait exagéré de dire qu'il en a trop longtemps souffert. Il avait appris à faire avec, et c'est sans doute pire. Chez les Kennedy, on comprenait très tôt que la vie est un combat (*struggle for life*) et seule comptait la première place. Patrick J. Kennedy, le grand-père, en avait fait sa devise : « Sois toujours le premier, être second est un échec. »

Comment faire quand on est né deux ans après son frère[1] ? Se taire et attendre que son tour vienne. C'est ce qu'a fait John pendant la plus grande partie de son enfance et de son adolescence. Il faut dire qu'il avait d'autres soucis.

Quarante ans avant d'être assassiné par Lee Harvey Oswald, John Fitzgerald Kennedy avait déjà failli mourir une première fois. Il avait trois ans.

C'était une période trouble dans la vie des Kennedy. Pour une fois, Rose Kennedy avait appris que son mari la

1. Joseph Kennedy, premier enfant de Rose et Joe Kennedy, est né le 28 juillet 1915. John Fitzgerald Kennedy est né le 29 mai 1917.

trompait. Elle avait alors pris une décision qu'elle ne reprendrait plus jamais : quitter la maison. Cela ne se faisait pas très souvent à l'époque.

Rose était alors enceinte de son quatrième enfant, Kathleen. Elle avait aussi des principes et du caractère. Il faudrait toute la persuasion de son père pour qu'elle accepte de retourner au foyer. Les infidélités de Joseph Kennedy se poursuivraient, mais plus jamais elle ne tenterait de s'échapper. Elle avait appris à fermer les yeux.

En son absence, John, son fils cadet, était tombé très malade et son mari ne le lui avait pas fait savoir. L'enfant avait attrapé la scarlatine dans les jours précédents, sa température ne cessait de monter et il vomissait abondamment.

Sur le point d'accoucher, Rose ne pouvait pas faire grand-chose pour lui. Surtout, elle ne devait pas s'en approcher. Le médecin de famille semblait dépassé. Au moment le plus critique, Joe Kennedy qui, jusque-là, avait semblé paralysé par ce qu'il se passait, eut un moment de rébellion : il allait faire jouer toutes ses relations pour que son fils soit admis à l'hôpital de Boston. Ce n'était pas évident. En pleine épidémie de scarlatine, les hôpitaux débordaient de malades. Chaque cas était une urgence absolue. Pour tenter de sauver John, il fallait faire vite. La peau de l'enfant se desquamait et son état s'aggravait au fil des heures. Le désespoir s'installait. Joseph Kennedy, l'un des hommes les plus riches d'Amérique, fort en gueule et toujours sûr de lui, s'était transformé en un petit garçon tremblant à l'idée que son fils ne survive pas. Sa panique alla jusqu'à faire le vœu de donner la moitié de sa fortune à l'Église catholique si John s'en sortait.

Un mois après son entrée à l'hôpital dans des conditions dramatiques, le petit garçon voyait sa santé s'améliorer et, quelques jours plus tard, on sut qu'il était sauvé. Son père ne donna pas pour autant la moitié de sa fortune à l'Église catholique, mais il remercia le Seigneur tout en se félicitant d'avoir des relations haut placées.

Rose Kennedy, très ébranlée par l'événement, chercha un moyen d'éviter, à l'avenir, de telles alertes. À l'époque, la médecine était moins développée, c'est certain, et les enfants moins sous surveillance. Rose décida de remédier elle-même à ces carences et mit au point un système de fichiers qui permettraient de garder sur chacun des siens des informations médicales utiles. Nous n'irons pas jusqu'à dire qu'elle avait inventé le carnet de santé, mais on n'en était pas loin.

Une fois par semaine, elle appliquait sa méthode et forçait sa progéniture à avaler une cuillérée d'huile de foie de morue et d'extrait de malt, comme le prescrivait le médecin. Pour chacun de ses enfants, il y avait des compléments alimentaires précis à ingérer.

Malgré tout, John avait une santé fragile et se plaignait souvent d'être fatigué. L'hiver 1930, alors qu'il avait treize ans, il subit une crise d'urticaire et une grippe. Il souffrait également de la vue et passait son temps à l'infirmerie du collège.

En mai 1931, il fut victime d'une appendicite, on le transporta en urgence à l'hôpital du Massachussetts pour l'y opérer. Ses problèmes de santé à répétition commençaient à détériorer son moral. Il se sentait diminué, tout le temps, faible et, pour tout dire, inférieur aux autres enfants de son entourage. Pas question de rivaliser ou même de se comparer à son frère Joe, l'aîné, celui auquel tout réussissait.

Dans le regard de son père, il sentait passer un manque d'intérêt pour lui, malgré ses efforts, ses quelques performances. Lorsqu'il lui arrivait de briller au cours d'un match de football, son père se contentait d'approuver, comme s'il avait juste fait son devoir. C'était pourtant un exploit, à chaque fois, compte tenu de ses handicaps liés à sa santé. En revanche, à chaque occasion, Joseph Kennedy vantait les prouesses universitaires de son fils aîné, désormais brillant étudiant en économie en Angleterre.

John, doté d'une grande sensibilité, voulait être aimé, un peu comme tout le monde, sans doute. Chez lui, il y avait un petit quelque chose de différent : il aurait aimé se sentir unique, ne serait-ce que l'espace d'un moment, surtout aux yeux de ses parents. On lui avait trop fait sentir depuis l'enfance que l'être unique, c'était Joe, son frère, et qu'il ne serait jamais question de l'égaler. Malgré les problèmes physiques dus à ses différentes maladies, John voulait tout faire comme son frère, y compris jouer au basket, un sport qui ne lui convenait pas. Trop mince, trop frêle, il avait dû se résigner à tenter sa chance au football, qui ne lui réussissait pas si mal. Peu importe : son père semblait ignorer ses résultats et ne pas vraiment s'intéresser à sa vie. Toujours menacé dans son corps, souvent ignoré par ses proches, il grandissait avec la mort dans l'âme.

Rose, sa mère, continuait de se soucier à distance de ses rhumes, de son poids, de sa conjonctivite, de ses pieds plats, de ses ganglions, de ses blessures, de ses genoux, de ses maux d'estomac Elle écrivait au collège, correspondait avec la femme du principal, pour que John soit soumis à une surveillance minutieuse. Elle insistait pour qu'on lui donne tous les jours de l'huile de foie de morue et de malt, ainsi qu'un œuf battu dans du lait, pour renforcer ses défenses et lui faire prendre un peu de poids. Une mère poule ? C'est un peu plus compliqué. À distance, elle faisait plus que son devoir de mère. Elle gérait au quotidien la santé de ses enfants, mais ne leur donnait pas d'affection. Jamais une caresse, un baiser, un geste tendre. Cette froideur, conséquence de ses déceptions conjugales, était le symptôme d'une femme mal aimée, trahie, désespérée. Très vite, elle s'était réfugiée dans sa foi chrétienne et la pratique à outrance de la religion. On y enseigne l'amour des autres, mais elle n'avait sans doute pas compris que cet amour, elle le devait à ses enfants, déjà, et au plus fragile d'entre eux, John. Délaissé par son père, gardé à distance par sa mère, le garçon allait vivre une enfance dérangeante dont il ne guérirait jamais. Tout cet amour qu'on ne lui avait pas donné, il se le procurerait de mille façons trompeuses et rarement reluisantes. Que connaît de l'amour celui qui n'en a pas reçu au cœur de son enfance ?

John avait maintenant seize ans. Depuis son arrivée au collège, il passait son temps à l'infirmerie, victime de telle ou telle maladie mystérieuse, et il ne restait jamais longtemps sans attraper un rhume. Les signes typiques de quelqu'un dont le système immunitaire est affaibli et attrape donc tous les microbes qui passent.

À Noël 1933, alors qu'il était en vacances, il se blessa aux genoux, suite à une chute. Personne n'y ayant fait attention, la blessure s'infecta et prit des proportions inquiétantes. On le transporta à l'hôpital de Boston où il commençait à avoir ses habitudes et où on le soigna efficacement dans un premier temps. Ensuite, sa santé continuant à se dégrader, il se mit à délirer. Il était victime d'une septicémie, à l'époque une infection mortelle. Certes, la pénicilline avait déjà été découverte, mais son usage thérapeutique n'était pas répandu. Pendant plusieurs jours, John resta suspendu entre la vie et la mort avant de se rétablir miraculeusement.

En 1934, l'année de ses dix-sept ans, il tomba à nouveau malade : cette fois il souffrait d'une occlusion intestinale. Son père, agacé mais inquiet, le fit transporter à la clinique Maillot à Rochester, dans le Minnesota, réputée pour la qualité de ses soins.

Il faudra encore quelques années pour que le corps médical trouve la raison de la plupart des maux qui accablaient John Kennedy. Il souffrait de ce qu'on appelle aujourd'hui le syndrome d'irritation du colon, une maladie qui touche encore plus de dix millions d'Américains, et dont on découvrirait dans le futur qu'elle est liée à des traumatismes psychologiques. Nous y sommes. John Kennedy est même un cas d'école : seul, mal-aimé, et enfermé dans une compétition inégale avec son frère aîné. D'ailleurs, sa maladie cessera brusquement à la mort de Joe.

Il va rapidement se révéler être aussi un cas d'école pour ce qui concerne le sexe. Au printemps 1934, il avait connu sa première expérience, accompagné d'un copain du collège, et même s'il avait paniqué dans les heures suivantes, ayant craint d'attraper la syphilis ou autre maladie vénérienne, il était quand même prêt à vite recommencer.

C'est à cette époque qu'apparurent ses premiers troubles sexuels, sous forme d'obsessions récurrentes et infatigables. Curieusement, ses ennuis de santé n'empêchaient rien, au contraire. Plus sa numération globulaire et son poids chutaient, plus son taux de testostérone augmentait. C'est d'ailleurs le cas pour les jeunes gens de dix-sept ans, même ceux considérés comme *normaux*.

Le sexe allait peu à peu devenir une préoccupation essentielle chez lui, même s'il n'y trouverait jamais satisfaction ni apaisement. Et ne serait jamais source de bonheur.

Le bonheur, il aurait pu le connaître si son père avait cessé de l'ignorer et de se pencher exclusivement sur les réussites de son aîné. Il aurait pu le connaître si sa mère, par exemple, était venue au moins une fois au collège, si elle lui avait écrit au moins une lettre, un jour.

Cela peut paraître étonnant, mais Rose Kennedy préférait consacrer beaucoup de temps à donner des instructions de menu et de régime pour préserver la santé de son fils, plutôt que de lui consacrer quelques minutes.

Adolescent fragile, il suppliait sa mère de lui écrire et lorsqu'elle le faisait, si rarement, elle écrivait de courtes lettres glacées, n'exprimant rien que des banalités. Jamais le moindre sentiment.

Au contraire, John s'épanchait. Il ouvrait son cœur avec tendresse et fraîcheur, comme dans cette lettre écrite au retour d'une fête de Thanksgiving : « Ce que je n'aime pas avec cette fête, c'est que l'on ne rentre à la maison que pour mieux se rendre compte de ce qu'on a perdu », écrivit-il un jour. Quelle délicieuse manière d'exprimer son désespoir.

Dès les premières années, Rose Kennedy avait joué un rôle considérable dans sa maisonnée. Le foyer était dominé par la forte personnalité de Joe, mais elle était le ciment qui maintenait unis les membres de la famille, reconnaîtrait John plus tard. Elle régissait. Les autres enfants, moins fragiles physiquement et sentimentalement, pouvaient composer avec cette mère sans affect. Pas John.

Cette période de sa vie lui laissa un sentiment de profonde souffrance et d'insatisfaction. Pour n'avoir jamais connu la chaleur et l'amour inconditionnel qui sont le propre de l'amour maternel, il était devenu, derrière les apparences, un adulte douloureux et insatisfait. La blessure, béante, ne pouvait pas se refermer. Un jour, John à un ami qui lui demandait de lui parler de son enfance, il avait répondu : « Ma mère ne m'a jamais pris dans ses bras, jamais ! »

En grandissant, il allait subir d'autres manques, et même des vexations. La préférence marquée de sa mère pour Joe était par moments insoutenable pour lui. Les sentiments de son père, vantant sans cesse les prouesses de son fils aîné, c'était déjà beaucoup. Certains pères sont ainsi. Mais sa mère !

La douleur augmenta quand il se rendit compte que, pour Rose, les choses étaient simples. Il ne pouvait pas y avoir deux garçons très intelligents dans la même famille, et puisque Joe remplissait toutes les cases, John ne pouvait pas lui être comparé, il ne pouvait pas l'égaler. Étrange raisonnement. Du côté de leur père, les garçons s'habituaient aussi à entendre des propos déstabilisants. Ainsi, Joseph Kennedy avait appris à ses fils, très tôt, qu'ils pourraient avancer dans la vie sans se sentir obligés de subvenir à leurs besoins, auxquels leur père pourvoirait toujours. Étrange mentalité.

L'argent n'était donc pas un souci pour eux et c'est une des raisons pour lesquelles John montrait si peu d'ambition par rapport à ses camarades. L'autre raison tenait à l'attitude de son père et de sa mère réunis. Quelle belle ambition, en effet, pourrait-il nourrir, alors que Joe Junior avait déjà affiché son intention de devenir un jour président des États-Unis. Et que tout le monde avait applaudi. C'était une évidence, pour son frère, comme pour la famille, comme si c'était déjà fait.

À côté de cette promesse irrésistible, que pourrait-il ambitionner pour lui-même ? Il aimait les livres et la politique, il avait des idées neuves qui pourraient être bienvenues. La belle affaire. Plutôt que de prendre le risque d'être moqué par son père et son frère – Rose ne plaisantait jamais –, il préférait se taire, résigné.

C'est vrai que John ressentait une vive attirance pour la littérature, ce qui le singularisait des futurs avocats et courtiers en bourse, en majorité dans son collège de Choate. Il était à l'écoute du monde même s'il n'en connaissait pas grand-chose. Empreint d'humanisme – cela se retrouve dans une rédaction écrite sur le thème de la justice, à un moment où la grande dépression était à son apogée –, il penchait peu à peu vers l'idée de devenir avocat, mais sans enthousiasme. Il préférait rêver, lire et surtout penser.

À son départ de Choate pour rejoindre quelques mois plus tard l'université, la photo de son dossier de candidature à Harvard montrait un garçon à la bouche sensuelle avec de grandes oreilles et une masse de cheveux châtains couverts de brillantine et savamment coiffés. Son regard était vif et limpide, son histoire encore une page vierge. Rien ne trahissait alors ses problèmes médicaux. Son apparence était celle d'un jeune homme en pleine santé. C'était une illusion. Il avait aussi l'art de dissimuler sa trop grande sensibilité. Dans un monde dur et cruel, c'est un devoir.

Après de médiocres études à Harvard, régulièrement perturbées par ses éternels soucis de santé, en partance pour de longues vacances en Europe, d'abord en France, puis en Italie, il espérait que tout irait mieux. Cela ne fut vrai qu'un temps.

De constitution fragile, avec un côté moins développé que l'autre, l'épaule gauche plus basse que la droite et la jambe gauche plus courte que la droite, d'un centimètre environ, il avait depuis toujours une allure un peu claudicante. Ne pas s'en alarmer était une faute. Ce qui peut être corrigé très jeune devient irréversible avec le temps. Joseph et Rose n'y avaient pas prêté l'attention nécessaire puisque, de toute façon, il n'en souffrait pas. Or, à cause de cette asymétrie, sa colonne vertébrale présentait une torsion et manquait de mobilité. Aucune imprudence n'était permise.

À une quarantaine de kilomètres au nord de Rome, alors qu'il venait de se baigner, c'est son dos qui le lâcha. Jamais encore il n'en avait souffert. Après sa baignade, sur le point de remonter dans la voiture pour repartir, il s'aperçut que celle-ci était ensablée. Avec ses passagers, ils dégonflèrent les pneus avant de pousser la voiture sur la plage. Deux longues heures pour rejoindre la route. Dans les jours qui suivirent, John commença de ressentir d'insupportables douleurs de dos. Son calvaire venait de commencer. Il avait vingt ans, il lui restait plus de vingt ans encore à souffrir.

Les études difficilement menées jusque-là semblaient à la fois très moyennes et erratiques. Où allait-il ? Quel était son projet ? Étudier à la fois le droit et l'économie tout en manifestant régulièrement son attirance pour le domaine littéraire, c'était un peu contradictoire. Mais comment se choisir clairement une destinée quand on vous a expliqué depuis l'enfance que votre avenir est voué à l'échec ? La réussite était promise à Joe. Et bien sûr le premier rôle, le seul qui compte. Lui ne serait jamais que le second, c'est-à-dire le dernier des deux. La philosophie des Kennedy, père et mère, pouvait causer des dégâts irréversibles.

Au début de la Deuxième Guerre mondiale, il souhaita s'enrôler dans l'armée et dut déchanter aussitôt, ayant été déclaré inapte à cause de ses divers problèmes de santé. Plus vexé pour lui-même et le nom des Kennedy que malheureux pour son fils, Joseph n'était pas enclin à accepter la sanction. À force de gesticulations et démarches pour faire jouer ses relations, politiques entre autres, il finit par obtenir que John soit mobilisé. Dans un premier temps à l'arrière, mais c'était déjà ça pour Joseph, lequel était soupçonné de sympathies pro nazies qui avaient entravé sa carrière de diplomate. Pas question d'accepter pour John une exemption qui ressemblerait à une défilade et nuirait à l'ascension de Joe. Après le père en figure de traître, le petit frère en planqué : ce serait gênant pour un futur président des États-Unis.

De toute façon, John ne voulait pas s'en tenir à un rôle de demi-portion. Il voulait réellement faire la guerre. Aller se battre, offrir sa jeunesse à son pays. Une manière d'exprimer sa quête désespérée de se trouver, plus qu'un but, une raison de vivre.

Il devait composer avec ses ennuis de santé. Ses désordres sexuels, marqués par des appétits jamais rassasiés, étaient aussi des ennemis qui le laissaient rarement en paix. À partir de son arrivée à l'armée, les occasions se multiplièrent de se livrer à ce qui était en quelque sorte son sport préféré. Ce n'était pas sans danger, surtout en temps de guerre.

En 1941, alors qu'il travaillait pour les services de renseignements de la Marine à Washington, il entama une relation avec une journaliste danoise, mariée, mais ce n'était pas là son pire défaut. Selon le FBI, il pouvait s'agir d'une espionne nazie. Proche d'Herman Goering, Inga Arval avait aussi approché Hitler. Depuis son arrivée en tant que journaliste aux États-Unis, elle était considérée comme suspecte et le FBI l'avait mise sous surveillance tout en enquêtant sur ses activités. Selon des rapports accablants, on découvrait que le jeune Kennedy était devenu son amant et qu'il lui confiait régulièrement, sans la moindre prudence, les détails de ses activités et de ses missions.

Il fut d'abord question de le chasser de la Marine puis on décida de l'envoyer plutôt en Caroline du Sud. Où Inga Arval le suivit. Plutôt que de créer un scandale, la Marine trouva plus utile de mettre Kennedy sur écoute en permanence, comme sa maîtresse. De quoi se rendre compte que le jeune Kennedy était très bavard, certes, et imprudent, qu'Inga Arval était bien journaliste et curieuse comme une journaliste, et que leurs échanges n'avaient finalement rien de dangereux. Accessoirement, les écoutes en ligne et la surveillance sur place confirmèrent que la relation était torride. Parfois, les amants déchaînés ne quittaient pas leur chambre d'hôtel pendant trois jours.

Alerté, Joe Kennedy devait reconnaître la menace que pouvait représenter son fils. Se livrer à des ébats réguliers avec une ennemie potentielle, en temps de guerre, était inacceptable, il le comprenait. Mais il préféra prendre la chose à la légère : « J'aurais dû le castrer plus jeune », se contenta-t-il de commenter dans un premier temps.

Mais conscient que John était allé trop loin, et que la prochaine fois, il tomberait peut-être sur une espionne réelle et qu'on ne pouvait avoir aucune garantie sur sa lucidité dans certaines situations, il proposa qu'on l'envoie en mer, loin des tentations.

Sans savoir ce qui lui valait un tel honneur, John obtenait enfin de servir sur plusieurs navires de la flotte américaine dans le Pacifique, devenant même commandant d'un patrouilleur avec le grade de lieutenant.

Le 2 août 1943, son destin allait basculer. Son patrouilleur, une vedette lance-torpilles, était coupé en deux par un destroyer japonais, au large des îles Salomon. Kennedy fut projeté sur le pont et sérieusement blessé au dos, avant de se retrouver en pleine mer. Souffrant le martyre, frigorifié, il allait réussir l'exploit de tirer, sur près de cinq kilomètres, dans une mer glacée, un membre de son équipage blessé avant d'atteindre une île d'où il nagea pour donner l'alerte. Son équipage fut récupéré, il leur avait sauvé la vie.

Ce fait d'armes lui valut une citation de la Navy and Marine Corps Medal pour sa conduite extrêmement héroïque comme officier commandant. Il était aussi honoré pour « son remarquable courage, sa ténacité et ses qualités de chef, qui ont permis de sauver plusieurs vies, conformément aux plus hautes traditions de la Marine des États-Unis ».

Plus personne ne regarderait John Fitzgerald Kennedy de la même façon. Quand il serait démobilisé au début de 1945, quelques mois avant la capitulation du Japon, il aurait entre-temps reçu d'autres décorations pour de nouveaux faits d'armes. Moins exceptionnels mais remarqués.

Quinze ans plus tard lorsque, jeune et brillant sénateur, il envisagera sérieusement de devenir président des États-Unis, son comportement héroïque pendant la guerre sera, plus que sa jeunesse et son charme, son atout majeur.

Un autre événement, tragique celui-là, a contribué à changer le destin de John Kennedy : la mort de son frère, Joe pendant la guerre. Il était l'espoir revendiqué du clan Kennedy pour atteindre la présidence, on le sait. Depuis toujours, Joe était le numéro un dans le cœur de son père, d'abord parce qu'il était l'aîné, ensuite pour toutes ses qualités, notamment de bravoure, d'énergie, d'ambition. Comme pilote, il avait accompli de multiples exploits et était devenu un héros, pas seulement aux yeux de son père. Le jour où il serait candidat à la présidence, il gagnerait, c'était une évidence.

Après sa mort, Joseph Kennedy, dévasté, pensa que la saga Kennedy s'arrêtait là. On le sait, il avait plus de difficultés à s'intéresser à John, ses maladies, ses souffrances, sa sensibilité, ses faiblesses chroniques. Que pouvait-il espérer de ce fils amoindri depuis l'enfance ? Pas grand-chose. C'était en tout cas ce qu'il avait toujours pensé. Voilà que deux événements presque concomitants – la mort de Joe, les exploits militaires de John – changeaient totalement le visage de l'avenir. Pour recoller les morceaux de son rêve, Joseph Kennedy n'avait plus le choix : il lui fallait soutenir désormais John, son seul représentant. Certes, numéro un par défaut, mais c'est tout ce qu'il lui restait.

Dès la fin de la Seconde Guerre mondiale, John commença une carrière politique, se faisant élire en 1946 à la Chambre des représentants. Réélu deux fois, en 1948 et 1950, et très nettement, même si ses positions n'étaient pas toujours en accord avec celles du président démocrate Harry Truman, ni avec le parti. En 1952, il était, à trente-cinq ans, candidat au siège de sénateur, porté par le slogan : « Kennedy en fera plus pour le Massachussetts. » Il réussit à battre son concurrent républicain.

Malgré tout, ses défaillances de santé continuaient de prendre le dessus à certains moments de sa vie. Conséquence de sa blessure de guerre ? Pas seulement. Tout le reste de sa vie, ses problèmes de dos allaient l'empêcher de vivre normalement. Il était né avec une colonne vertébrale instable, on le sait, et sa blessure de guerre avait seulement ajouté à la gravité de son cas.

Très tôt, il fut obligé d'utiliser des béquilles, cachées au public, de se reposer fréquemment dans son fauteuil à bascule, devenu célèbre quelques années plus tard, et de porter un corset dorsal de vingt centimètres. C'était sa vie. Sa vraie vie cachée. La mort dans l'âme

D'autres problèmes de santé s'accumulaient, se confondant parfois avec ses maladies de jeunesse. Les crises de colique persistaient, malgré plusieurs séjours en clinique spécialisée. Il souffrait aussi d'une infection urinaire que les médecins ne parvenaient pas à guérir.

On découvrait bientôt qu'il était aussi atteint de la maladie d'Addison, symptôme d'une déficience des glandes surrénales, lesquelles produisent les hormones anti-inflammatoires. Encore mortelle à l'époque, cette maladie provoquait des douleurs intenses, et peu de médicaments pouvaient les soulager. John y parvenait en subissant régulièrement des injections de cortisone, de novocaïne, et de stéroïdes. En plus, il absorbait des amphétamines, et ce cocktail médicamenteux lui permettait de faire preuve d'une énergie époustouflante, compte tenu de ses déficiences. Et, accessoirement, d'assouvir une libido toujours hyperactive.

Les corticoïdes, consommés depuis des années pour traiter ses douleurs gastriques, pourraient d'ailleurs être une cause secondaire de la maladie d'Addison. Médicaments prometteurs dans les années 1930, on a découvert plus tard leurs effets secondaires, notamment l'ostéoporose et l'affaiblissement du système immunitaire. Il n'était donc pas étonnant que son état s'aggravât.

À plusieurs reprises, dans ces années-là, il fut contraint de se faire opérer à cause de son dos. Des opérations risquées, qui ne donnèrent pas les résultats escomptés.

Depuis son enfance jusqu'à ses trente-cinq ans, il avait reçu l'extrême-onction à quatre reprises. Presque une habitude pour lui. Il s'était convaincu qu'il mourrait jeune. Ce qui explique aussi sa manière de vivre, un peu désespérée et risquée. Son dossier médical, effarant, explique en grande partie son itinéraire amoureux, on devrait dire sexuel, erratique et toujours périlleux. Il ne craignait pas l'avenir puisqu'il n'en avait pas. Alors, il multipliait les liaisons, les aventures, et parfois avec des jeunes femmes peu recommandables et dangereuses pour sa santé.

En 1948, dans une enquête publiée dans un magazine, Kennedy arrivait en sixième position pour le titre de célibataire le plus convoité. Très flatté, il confiait quand même au journaliste venu lui demander sa réaction qu'il n'était amoureux de personne, tout en ajoutant : « Cela pourrait très bien m'arriver cette année, il reste encore dix mois. »

Grâce à son allure sexy, son visage de play-boy, l'intelligence en plus, il avait de plus en plus de succès avec les femmes et comptait au nombre de ses conquêtes des vedettes de cinéma comme Gene Tierney, Arlene Dahl et Ava Gardner. Il avait aussi de nombreuses aventures avec les hôtesses de l'air qu'il côtoyait en permanence. Il avait tendance à aller vers la facilité. Pour lui, le sexe n'était pas une question de rodomontades, de rendez-vous ou autres échanges, épistolaires ou téléphoniques. C'était juste un besoin et il fallait régler ça vite.

Les femmes remarquaient dans ses comportements amoureux un refus intransigeant de s'engager, une certaine indolence dans la relation puis, lorsqu'il s'agissait de passer à l'acte, une brusquerie qui confinait presque à la brutalité. En quelques minutes à peine, tout était terminé.

Il n'y a pas qu'en matière amoureuse qu'il avait la tête ailleurs. Il faisait de la politique sans enthousiasme parce que c'était le chemin que son père lui avait tracé. Maintenant que Joe n'était plus là, il n'avait pas le cœur de désobéir à Joseph, lequel, évidemment, ne parvenait pas à se remettre de la mort de son fils aîné, celui qui était programmé pour être président des États-Unis.

John n'avait lui-même aucune ambition, aucun projet. Elle paraissait bien lointaine l'époque où il songeait à devenir écrivain. Depuis, on se chargeait de lui tracer un futur. Et comme il n'avait rien d'autre en vue, pourquoi s'opposer à son père? C'est une façon de voir les choses qui confine à la résignation. Tout juste s'amusait-il parfois à ironiser sur son sort : « Toute ma vie j'ai été voué au rôle de numéro deux et voilà que je suis devenu le remplaçant. Celui qui n'a pas vraiment de place et n'en aura jamais. »

En quelques années, il était, malgré lui, devenu un jeune homme politique qui compte, et il savait qu'il ne pourrait pas rester éternellement célibataire s'il voulait continuer de grimper les marches qui mènent au sommet que Joseph convoitait pour lui.

Il était dans l'ordre des choses de commencer à chercher une épouse qui corresponde à quelques critères incontournables. Bonne famille, possédant une santé de fer qui lui permette de mettre au monde plein d'enfants, intelligence, un peu de fortune, élégance, capacité à la soumission L'épouse idéale selon Joseph Kennedy. Car, l'idée du mariage qui ennuyait le fils était devenue une obsession du père. Pendant que John se vautrait dans ses aventures compulsives et souvent très risquées, le père se démenait et mettait au point des stratégies redoutables pour trouver la future épouse parfaite.

C'était devenu une habitude, Joseph faisait enquêter sur chaque jeune femme susceptible de devenir un jour prochain madame John Fitzgerald Kennedy. Espérer choisir dans le lot de ses conquêtes était un challenge : il n'y avait pas que du beau monde, et c'était beaucoup de travail car les *prétendues prétendantes* défilaient et se succédaient, en se croisant parfois. Tout cela allait très vite.

D'échec en échec, il fallut se rendre compte qu'on n'y arriverait pas de cette façon. Il fallait déroger à la règle en cherchant la perle rare loin des fréquentations habituelles de John.

Et le nom de Jacqueline Bouvier apparut. C'était une inconnue dans l'univers Kennedy, elle ne connaissait pas John mais, au printemps 1950, un ami et conseiller de Joseph Kennedy avait attiré l'attention de celui-ci sur cette ravissante jeune femme de vingt et un ans, d'excellente lignée. Bien sous tous rapports. Élégante, intelligente, de bonne famille, jeune. Restait à espérer qu'elle ne soit pas trop rebelle et possède la capacité de faire de beaux enfants.

3

Jacqueline, la princesse aux pieds nus

Jacqueline avait été décrite plutôt comme la belle-fille de Hugh Dudley Auchincloss que comme la fille de John Bouvier, lequel souffrait d'une réputation de plus en plus désastreuse. Ruiné par la crise et par ses mauvaises opérations financières, divorcé et presque jeté à la rue par son ex-femme, coupé de vraies relations avec ses deux filles, Jacqueline et Lee, tombé dans l'alcoolisme et proche de la déchéance, Black Jack[1] – c'était son surnom – n'était pas très présentable.

Joe Kennedy avait fait prendre le plus de renseignements possible sur le pedigree de la jeune fille et l'ensemble se révélait flatteur. Jacqueline Bouvier, vingt et un ans, cochait toutes les cases. Elle ferait une épouse idéale pour John. Joseph Kennedy ne s'embarrassait bien sûr pas de savoir si l'idée pouvait plaire à son fils et à la jeune inconnue.

Les *investigateurs* étaient passés à côté d'un détail capital qui pourrait devenir un grain de sable gênant : le grand-père

---

1. Jack, diminutif de John, et Black car il était très mat de peau.

maternel de Jackie s'appelait en réalité Levy et non Lee. Il avait modifié son nom (coutume très répandue au début du xxe siècle) quand il s'était associé dans une banque d'affaires, revendiquant des racines irlandaises. Jacqueline était donc en partie juive, ce qui pourrait être mal perçu par le clan Kennedy (Joseph ne cachait pas son antisémitisme) et dans l'idée d'une ascension politique jusqu'au sommet. L'antisémitisme était assez répandu dans l'Amérique de l'époque, c'est le moins qu'on puisse dire. Envisager qu'un candidat à la présidence puisse être à la fois catholique et marié à une juive, ce serait tenter l'impossible[2].

Quant à la grand-mère maternelle, elle prétendait descendre d'une famille d'aristocrates français venus en Amérique aux côtés de La Fayette. Ils étaient en vérité des commerçants arrivés bien après la guerre d'indépendance. Même extrapolation chez les Bouvier qui considéraient eux aussi que le mensonge n'est qu'une vérité améliorée. Les Bouvier de La Fontaine et les Vernou de Borneuil, familles de grande noblesse auxquelles ils se disaient rattachés, n'avaient aucun lien avec eux.

Peu importait à Joseph Kennedy, lui-même spécialiste dans l'art de l'esbroufe, dont la devise convenait parfaitement à la généalogie fantaisiste des uns et des autres : « Ce qui compte, ce n'est pas ce que vous êtes mais pour qui on vous prend. »

Jacqueline n'était pas née sous le signe de la chance. Trois mois après sa naissance, le 28 juillet 1929, le krach de Wall Street avait réduit à néant la fortune familiale. Pour quelqu'un

---

2. Les États-Unis n'ont jamais eu de président juif et n'avaient alors jamais eu de président catholique.

dont on a si souvent dit plus tard que l'argent était la seule passion, ce n'était pas bon signe. Le reproche était d'ailleurs exagéré : l'argent fut pour Jackie un moyen et non une fin. Si ce n'avait pas été le cas, sa vie aurait été différente.

C'est à Southampton, une ville située au sud-est du comté de Suffolk, sur l'île de Long Island, dans l'État de New York, que Jacqueline Bouvier avait vu le jour. D'origine irlandaise et anglaise par sa mère Janet, et française du côté paternel, en remontant à quatre générations en arrière. John Bouvier III était un très bel homme qui multipliait les conquêtes féminines, et même, dit-on, masculines. C'était un républicain, version extrême droite, qui détestait Roosevelt, le New Deal et tous ceux qui y étaient associés, au premier rang desquels Joseph Kennedy, le premier directeur de la Commission des opérations en Bourse. Il leur en voulait autant à l'un qu'à l'autre, car après avoir fait fortune comme courtier dans les années 1920, il avait tout perdu après la crise de Wall Street en 1929 et les jugeait responsables.

Janet, l'épouse, tint bon pendant quelques années avant de se séparer de lui, en 1936, au moment où il était au plus mal financièrement. Elle quitta la maison avec ses filles sans se soucier de ce qu'allait devenir Jack.

Malgré le revers de fortune, Jacqueline aurait pu poursuivre une enfance heureuse auprès de sa sœur Lee, née quatre ans plus tard, si elle n'avait pas vu ses parents se déchirer. Janet demanda le divorce en 1937, alors que Jacqueline n'avait que huit ans. Jack Bouvier sombrait et une nouvelle tentative de vie commune échoua assez lamentablement. Le malheureux, n'ayant plus de fortune et incapable de se relancer dans une quelconque activité, n'intéressait pas Janet. En 1940, le divorce était prononcé.

Black Jack Bouvier n'avait pas seulement été ruiné, il était aussi tombé dans l'alcoolisme sans jamais abandonner ses manières de libertin. Des aventures extraconjugales à un rythme effréné, de l'alcool à flots, les dettes qui s'amassaient : selon Janet, son mariage avec Jack Bouvier se cantonnait à ces souvenirs et elle n'évoquait désormais son ex-mari que sous un charmant sobriquet : « Cet ivrogne qui ne sert à rien ».

Quelques années après le divorce, Jack Bouvier trouvera à son tour un surnom à Janet : « Cette pute ». Il ne lui avait jamais pardonné d'avoir brusquement quitté le domicile conjugal avant même d'avoir demandé le divorce, et de tout faire pour l'éloigner de ses filles.

Cinq ans plus tard, Janet épousait le président d'une banque d'affaires, Hugh Dudley Auchincloss, dénommé Hughdie, qui possédait une grande propriété près de Washington et une autre, plus vaste encore, à Newport, dans l'État de Rhode Island. De quoi se refaire après les années tristounettes vécues depuis le krach. Southampton, où était née Jacqueline, constitue, avec East Hampton, l'une des deux localités formant la région des Hamptons, zone de villégiature parmi les plus prisées par l'élite américaine, et spécialement par celle de New York. C'est formidable d'y vivre lorsqu'on est riche, c'est un peu moins réjouissant lorsque la fortune vous a abandonné. Avec ce mariage, Janet et ses filles retrouvaient leur rang.

Certaines choses ne changent pas. Jackie racontera bien plus tard qu'elle a grandi, du côté de son père comme de son beau-père, en entendant répéter des phrases comme celle-ci : « Si tu n'es pas sage, le méchant Roosevelt viendra te chercher. »

Des deux côtés, à n'en pas douter, le cœur et les opinions politiques penchaient sensiblement à droite.

Jacqueline avait treize ans et sa sœur neuf lorsqu'elles ont entamé une nouvelle vie très confortable. Ce n'était pas si simple pour l'aînée. Cette jeune fille née dans l'opulence, ruinée à cause des déboires de son père, retrouvait le luxe, mais sous l'autorité de son beau-père. Pendant ce temps, son père, qu'elle adorait, restait ruiné, alcoolique et très aigri. Il ne retrouverait jamais son rang, et selon lui, les démocrates et Roosevelt, en premier lieu, en étaient responsables.

Jacqueline se sentait mieux, quand même, dans cette nouvelle vie plus en accord avec ce qu'elle avait connu. Très jeune, elle était devenue une cavalière accomplie. Monter à cheval demeurerait la grande affaire de sa vie, même si elle se consacrait aussi à d'autres passions : le dessin, la littérature, la poésie. Désormais, elle n'avait plus à se priver.

Dans leur nouvelle famille, le temps se partageait entre les deux vastes domaines appartenant à leur beau-père : Merrywood, en Virginie, et Hammersmith Farm, au Rhode Island. Luxe, confort et sérénité.

Il manquait tout de même une chose capitale aux deux filles de Jack Bouvier : elles ne voyaient pas assez leur père, et toujours à la va-vite. Elles étaient frustrées, surtout l'aînée, en adoration devant cet homme fantasque mais si attachant. Mais comment garder de belles relations quand la haine entre les deux anciens époux continuait de se déverser ?

Parfois, ils faisaient une pause. Ainsi, par contrat de mariage, John Bouvier et Janet avaient décidé que leurs enfants adopteraient la religion catholique romaine, celle de leur père. Janet ne remettrait jamais cela en question, même après le divorce.

Après des études d'un très bon niveau à New York, de 1935 à 1942, puis à Washington jusqu'en 1944, Jackie, qui se signalait de plus en plus par ses qualités littéraires et sportives, obtenait en 1947 son diplôme d'études secondaires dans le Connecticut. Pendant deux ans, elle se forma au collège Vassar, institution renommée, puis en 1949, à l'âge de vingt ans, inscrite à un programme d'études, elle partit en France. D'abord pour y suivre un cours intensif de français à l'université de Grenoble, avant de poursuivre ses études à la Sorbonne, à Paris. Elle devait y approfondir sa connaissance de la culture française, en littérature, en histoire.

« J'ai aimé cette année-là plus que n'importe laquelle de ma vie. Le fait d'être loin des miens m'a donné la chance de m'observer sans complaisance. J'ai aussi appris à ne plus avoir honte de ma sincère passion pour les études. Auparavant, j'avais toujours essayé de la cacher, de peur de donner l'impression de reculer mon entrée dans la vie active, mais quand je suis retournée aux États-Unis, j'ai été heureuse de pouvoir continuer mes études auprès de ma famille. J'avais changé, car j'avais découvert une passion pour l'Europe dont je doute qu'elle ne me quitte jamais. »

Jacqueline passera un peu plus d'un an en France, logée à Paris chez la comtesse Robert de Renty, avenue Mozart, dans le 16e arrondissement.

Était-elle vraiment heureuse ? Elle évitait de se poser la question. Sur les plans matériel et intellectuel, elle avait retrouvé toutes ses aises. Aucune frustration de ce côté. En revanche, elle souffrait du déséquilibre si flagrant entre sa vie confortable et celle de son père, toujours plus dans la difficulté. Elle aurait aimé faire quelque chose, mais n'en avait pas la possibilité. Pour le moment, et cela changerait peut-être un jour, elle ne pouvait que se contenter de bénéficier de la fortune de son beau-père. Mais dans son cœur, son père restait plus présent que jamais.

C'est un aspect de sa personnalité qui sera largement sous-estimé pour ne pas dire nié quand elle sera devenue Jackie Kennedy : elle a toujours été d'une grande sensibilité, attachée à des valeurs de fidélité aux êtres qu'elle aimait. Avec une volonté de les protéger avant tout. Elle aimait son père, le respectait et n'acceptait ni sa déchéance ni la dureté de sa mère envers lui. Toute jeune, elle avait tenté de s'y opposer, tout en sachant qu'elle était trop fragile pour gagner ce combat.

Elle avait vécu sa première passion à Paris avec le fils du romancier John Marquand[3]. Il est amusant de noter que l'œuvre de celui-ci dresse un portrait cinglant de la haute bourgeoisie WASP (blanche, anglo-saxonne, protestante) dont Jacqueline était elle-même issue.

C'est en tout cas avec John Marquand Junior qu'elle connut sa première expérience. Une nuit où ils étaient tous les deux passablement éméchés, ils avaient fait pour la première fois l'amour dans l'ascenseur vieillot d'un petit hôtel. Une initiation sans doute mémorable et en tout cas très romantique, selon le jeune homme qui n'aura pas la délicatesse d'en garder le souvenir pour lui. En tout cas, ce début de liaison devait être vite interrompu. Janet, comme Joseph Kennedy, avait ses antennes et il lui avait été rapporté que John Marquand était un parti correct, mais sans fortune. Aucun intérêt donc à le laisser jouer les princes charmants

---

3. John Marquand (1893-1960), célèbre romancier américain, lauréat du prix Pulitzer et auteur de romans d'espionnage à succès.

avec Jacqueline. Il ne ferait jamais partie d'un futur envisageable pour une princesse aux pieds nus.

La déception était grande, le chagrin contenu mais de toute façon, Jackie devait obéir. L'époque n'était pas aux discussions interminables entre parents et enfants. Il fallait quitter la France sans plus tarder.

De retour aux États-Unis pour poursuivre ses études à l'université Georgetown[4], à Washington, afin de ne pas être trop éloignée de ses proches, Jackie y obtint un diplôme en littérature française. Elle se passionnait depuis l'enfance pour les arts et les langues, et en quittant l'université elle parlait couramment, outre l'anglais, le français, l'espagnol et l'italien. Elle écrivait aussi des essais publiés dans les journaux locaux. Sa passion de la littérature reviendrait longtemps ponctuer son parcours.

S'étant inscrite à un concours littéraire organisé par le magazine *Vogue*, qui proposait un essai sur le thème: « Les gens que j'aurais voulu connaître », elle choisit l'écrivain Oscar Wilde et le poète Charles Baudelaire. C'est haut la main qu'elle remporta le concours devant mille trois cents concurrentes.

Grâce à ce succès, elle avait la possibilité de séjourner un an à New York et à Paris afin d'y travailler comme éditrice junior, mais sa mère s'y opposa. Janet avait peur d'un éventuel retour en France (terrain dangereux!), surtout, elle craignait que sa fille veuille s'y installer définitivement. Or, Janet avait d'autres ambitions pour elle, américaines avant tout.

Des années plus tard, lorsqu'elle entamera une troisième ou quatrième vie, c'est selon, Jackie saisira l'occasion de

---

4. Georgetown est le quartier chic de Washington.

devenir éditrice et même une éditrice de qualité. C'était une de ses marques de caractère, elle ne renonçait jamais.

Elle était toujours plus belle et toujours aussi instable. Sortie de l'université où elle n'avait pas connu de moments enivrants, si ce n'est quand elle étudiait la littérature, elle ne marquait pas un grand intérêt pour la vie qui s'ouvrait devant elle. Ses talents artistiques et ses goûts littéraires risquaient de ne pas suffire. Tout cela ne faisait pas un métier.

Sa mère lui ayant inculqué, depuis des années, sa vision très singulière des relations entre les hommes et les femmes, elle avait compris qu'il lui faudrait renoncer à chercher l'amour pour s'allier de préférence à un beau parti, c'est-à-dire un homme riche. Et le plus tôt serait le mieux.

Elle s'y résignait sans enthousiasme, sachant que si elle voulait poursuivre sa vie de dilettante, inspirée par quelques hobbies, il lui faudrait en passer par là. En attendant, un ami de la famille, Arthur Krock, put la faire entrer au *Times-Herald* de Washington où on lui confia une rubrique mineure, « Les découvertes d'une jeune photographe ». Rien de bien valorisant, certes, mais l'occasion de gagner quelques dollars en ayant l'air très occupée et en se montrant beaucoup dans Washington.

Au printemps 1951, la jeune femme commença à fréquenter un jeune courtier de la Bourse de New York, John G. W. Husted Junior. Les deux jeunes gens se plaisaient sans être follement amoureux. Ils en arrivèrent quand même à se fiancer, John Husted ayant demandé Jackie en mariage et celle-ci ayant accepté.

Le projet de mariage ne plaisait pas à Janet, égale à elle-même. À la fois prévoyante et autoritaire, elle ne cessait de répéter à ses deux filles que, même si leur situation actuelle était des plus enviables, cela ne durerait pas. Quand leur beau-père mourrait, toute sa fortune irait à ses propres enfants. C'était voir loin. Pour faire bonne mesure, Janet ajoutait, sans doute une crainte exacerbée, que Hughdie traversait une mauvaise passe financière. Bientôt il ne lui resterait peut-être plus beaucoup d'argent. De son côté, à cause de leur bon à rien de père, « cet ivrogne qui ne sert à rien » selon la formule consacrée, elle n'avait rien à leur offrir. Donc, pas d'union hasardeuse. John Husted était tout juste aisé, pas de taille à lutter. Jackie non plus et elle finit par renoncer à ses fiançailles et au projet de mariage. Élégant jusqu'au bout, John Husted se contentera de commenter : « Nous avons pris la décision d'un commun accord, car nous n'étions pas sûrs de vouloir faire notre vie ensemble. »

Avant cette rupture qui ne traumatisait personne, John Hustedt avait joué bien involontairement un rôle prépondérant dans l'échec d'une première rencontre entre John et Jackie, pourtant savamment mise en scène.

C'était à l'été 1951. Arthur Krock, l'ami de Joseph Kennedy, avait été sollicité par celui-ci pour organiser une rencontre entre son fils et la candidate idéale. L'idée était qu'ils puissent faire connaissance le plus naturellement du monde (*sic*), par exemple au cours d'un dîner chez des relations communes. Après un an d'observation, Joe Kennedy voulait désormais passer à l'action.

De son côté, Janet pressait Jackie d'accepter toutes les invitations mondaines qui se présentaient afin de ne pas laisser passer sa chance. Le destin de ces deux jeunes gens tenait, depuis le départ, peu au hasard et beaucoup à la détermination de parents sans scrupule.

Krock expliqua donc le projet à un couple d'amis, les Bartlett, ravis de jouer les entremetteurs en conviant les deux jeunes gens à l'un de leurs dîners. Une dizaine de personnes en tout étaient réunies, certaines se connaissaient, d'autres pas. John et Jackie, assis près l'un de l'autre, eurent peu l'occasion d'échanger. Il parlait beaucoup de politique, répondait à des questions, prêchait pour sa paroisse démocrate, et cela lui laissait peu d'occasions de jouer les jolis cœurs.

Enfin, il se préparait à accorder un peu plus d'attention à sa jolie voisine, au moment où la soirée tirait à sa fin quand, apparition inattendue, John Husted Junior, le fiancé en titre, se présenta pour raccompagner celle-ci. Le premier *rendez-vous* entre John Kennedy et Jacqueline Bouvier avait piteusement échoué.

4

Falling in love

Plutôt qu'une rencontre, ce fut un rapprochement entre deux êtres qui n'étaient ni l'un ni l'autre en quête, et sans esprit de conquête. Les soubresauts du cœur, très peu pour eux. Jacqueline avait déjà été déçue et ce que John attendait des femmes n'avait pas grand-chose à voir avec le cœur. On cherchait à les caser pour des raisons très différentes, mais pas dans n'importe quelles conditions.

Ils étaient en mission commando sans être vraiment au courant. Lui, de plus en plus happé par la politique, la conquête d'électeurs, le souci de se faire une place dans le marigot. Le tout sous l'œil avisé et perspicace de son père qui ne voulait laisser passer aucune faute, aucun manquement. Joseph avait appris à ses dépens que les erreurs d'orientation coûtent très cher en politique[1]. Les escapades sentimentalo-sexuelles de John lui prenaient également du temps. Elles

---

1. Pour avoir marqué très clairement sa sympathie pour l'Allemagne nazie au début des hostilités, Joseph Kennedy fut longtemps honni par une grande partie de la classe politique.

ne duraient pas si longtemps, mais il les multipliait. Parfois deux ou trois dans la même journée.

Jackie menait sa vie de jeune femme (apparemment) rangée en *bricolant* un peu de journalisme, sans se faire remarquer plus que nécessaire. On lui connaissait quelques *boys friends* transparents qui jouaient les chevaliers servants sans lendemain, dans des soirées dont elle n'attendait rien. Janet lui récitait presque chaque jour le même sermon : elle devait s'activer un peu plus si elle voulait *capturer* le millionnaire dont la famille avait bien besoin. Jacqueline ne voulait rien. En tout cas, elle n'était pas pressée de s'enfermer dans une cage, dorée ou pas.

« Tu veux donc finir vieille fille ? » À vingt-trois ans, la menace faisait plutôt sourire. En attendant, elle sortait, s'amusait, vivait comme une jeune femme de son âge. Si elle n'était pas à l'affût d'héritiers, elle écartait assez vite ceux qui n'en étaient pas. À quoi bon s'embarquer dans des rêveries que Janet aurait vite fait de pulvériser. La fin de l'aventure avec John Marquand Junior lui avait laissé beaucoup d'amertume.

Au mois de mai 1952, Jacqueline fut de nouveau invitée chez les Bartlett. Un an après le rendez-vous manqué, elle retrouvait John Kennedy, invité lui aussi, et ce n'était pas le fait du hasard. Cette fois, tout se passa pour le mieux. Les deux jeunes gens bavardèrent agréablement. Il se montrait capable de parler d'autre chose que de politique et elle l'écoutait avec beaucoup de plaisir, l'emmenant sur le terrain de la littérature. Très vite, ils se découvraient un certain nombre de points communs et se faisaient donc bonne impression. Elle le trouvait plutôt beau, élégant, d'une intelligence inouïe et sans prétention. Lui était séduit par la pureté de son visage, son allure élégante, la distinction qui émanait de sa personne. Ils étaient sous le charme l'un de l'autre. Signe intéressant : John Kennedy, rompant avec ses habitudes de séducteur empressé, menait une conversation pleine de respect pour sa voisine, et il ne lui venait pas à l'idée de lui proposer d'aller boire un dernier verre. En vérité, il venait de ressentir pour cette jeune femme qui n'était pas son genre, une émotion qu'il ne connaissait pas. Et si c'était cela, tomber amoureux ?

Faisait-il dès lors des projets plus sérieux que celui d'une aventure de plus ? Il resterait discret sur ce point, se contentant de raconter : « Je me suis penché vers elle et je lui ai proposé de nous revoir. »

Il semble surtout que, dès ces premiers instants, il avait compris que ce serait celle-là et pas une autre. Sans démonstration exagérée. Après tout, il n'y avait pas de quoi en faire toute une histoire. Cette fille qui n'était pas son genre serait la femme de sa vie.

Dès les premiers jours, John se comporterait à l'inverse de ses habitudes. Comme si, pour une fois, il avait décidé de laisser faire le temps, de ne rien brusquer, de considérer que la jeune femme qui commençait à occuper la plupart de ses pensées, était une sorte d'élue. Il était à l'époque en pleine campagne sénatoriale, et chaque week-end, pendant l'été et l'automne 1952, devait parcourir le Massachussetts de long en large, sans répit, sans prendre le temps pour autre chose, si ce n'est de passer des coups de téléphone à Jacqueline, régulièrement, depuis les restaurants, les petits hôtels où il se trouvait. L'image est amusante : ce jeune politicien, décontracté mais très affairé, l'écouteur dans une main et une poignée de pièces dans l'autre, son accent chic détonnant dans des décors modestes. Mais il était tombé amoureux, même s'il ne le disait pas encore, et, puisque c'était la seule façon de garder un lien presque permanent avec Jacqueline, il lui téléphonait à tous moments, où qu'il se trouvât.

Pendant la semaine, de retour à Washington, il prenait plaisir en fin de journée à l'emmener au cinéma, voir des films d'action le plus souvent. On peut y voir un brin de machisme, mais il compensait en lui offrant des livres de ses auteurs préférés, comme pour lui parler de lui, de ce qu'il aimait vraiment, de celui qu'il voulait être. Son livre favori restait *Pilgrim's way* de John Buchan. Il prenait plaisir à en lire des passages à Jacqueline, puis il lui en offrit une édition originale. À son tour, elle lui fit un cadeau unique : de charmants petits livres qu'elle avait écrits et illustrés spécialement pour lui.

Il n'avait pas oublié sa passion de l'écriture, n'y avait pas renoncé, même s'il était pris dans un engrenage implacable avec la politique.

« Je crois que mon destin est de faire tout ce que veut mon père », dit-il avec amertume, le jour où Jacqueline lui demanda s'il n'avait pas envie un jour de prendre en main son destin.

Aucun cynisme dans ces relations qui s'esquissaient entre deux jeunes gens programmés presque à leur insu pour aller à la rencontre l'un de l'autre, et qui se comportaient comme des amoureux un peu rêveurs et très romantiques.

Ils apprenaient à se connaître au fil des mois et en novembre 1952, environ six mois après leur rencontre, la rubrique d'une jeune photographe montrait la photo du nouveau sénateur du Massachussetts accompagnée d'un commentaire bref et flatteur. John Kennedy venait d'être élu à la Chambre des représentants, et Jacqueline Kennedy, la chroniqueuse, n'avait pu s'empêcher de fêter l'événement à sa manière.

C'est à cette époque que Jacqueline est devenue Jackie. Tous les copains de Kennedy et les membres de sa famille l'appelaient Jack. Et bientôt l'Amérique s'y mettrait. Il était facile d'accorder deux diminutifs qui semblaient évidents. Jack et Jackie. Quoi de mieux ? Même si celle-ci ne s'y est jamais habituée. Elle n'aimait pas « Jackie », trop commun, comme elle détestera plus tard être appelée « First Lady » : « Ça fait penser à un cheval de course. »

Ils apprenaient à s'adapter l'un à l'autre et à mieux se connaître. Cela avait parfois quelques inconvénients. Totalement sous le charme pendant les premiers mois, Jackie commençait à être agacée par certaines manies de John. Elle avait du mal à le prendre au sérieux tant lui-même se prenait parfois trop au sérieux. Elle trouvait aussi énervante sa manie de toucher souvent ses cheveux comme pour vérifier qu'ils étaient toujours là, ou quelques attitudes qui révélaient un fond de vanité. Habitué désormais à être en vedette, il supportait de moins en moins les moments où personne ne faisait attention à lui.

« Si nous allons à une soirée où personne ne le reconnaît, il boude pendant des heures ! » confia Jackie à son cousin John H. Davis.

Jack s'était attaché à cette jeune femme si différente, intellectuelle et profonde ; forcément le degré d'exigence envers lui était monté. Ce n'était pas si gênant tant le lien entre eux prenait de l'importance. Même si elle ne le lui montrait pas trop souvent, elle l'admirait énormément. Son intelligence, sa dialectique, sa façon d'aborder les problèmes et de les régler très vite, tout cela était époustouflant.

Elle l'admirait aussi pour son courage physique. Elle avait compris dès le début qu'il souffrait énormément dans son corps. Il n'en parlait pas trop, mais entre sa blessure de guerre, ses maladies génétiques et d'autres pathologies venues s'ajouter, il souffrait tout le temps. Prisonnier d'un corset la plupart du temps, il marchait le plus souvent avec des béquilles dès qu'il n'avait pas à paraître en public. À trente-cinq ans. Elle trouvait magnifique sa façon de se taire sur ce sujet, de ne jamais se plaindre, et de ne laisser à personne la possibilité de poser sur lui un œil compatissant.

La relation allait se compliquer quand John décida d'emmener Jackie à Hyannis Port, le repère de la famille, pour le week-end du 4 juillet. Elle était ravie de découvrir les autres membres du club Kennedy, fière d'être introduite et heureuse de rencontrer les parents de John, ses frères et sœurs, ses belles-sœurs. Elle allait vite déchanter. Déjà, en se rendant compte que les Kennedy avaient la fâcheuse habitude d'être constamment en compétition les uns avec les autres, ce qui conduisait à une agitation permanente, des sortes de combats de coqs tant la volonté de chacun d'être meilleur que l'autre ressortait et finissait par plomber l'ambiance. La guerre poursuivie par d'autres moyens.

Elle qui était raffinée, intelligente, sensible, s'effrayait de l'exubérance brouillonne qui régnait à Hyannis Port, sans que l'on perçoive la moindre once de délicatesse. En un week-end, elle put découvrir avec quelque peu d'effarement ce qui forgeait les postures des Kennedy, et leur donnait leur raison de vivre : l'action. Ils ne s'en cachaient pas, ils s'en vantaient même : pour eux, la réflexion était moins importante que l'action.

En ce début d'été 1953, Jackie n'en était pas encore à poser des analyses très percutantes sur cette famille entre tribu et smala. Plus tard, elle poserait ce verdict définitif : « Ils ne se reposent jamais, même quand ils se reposent. Et ça ne sert pas à grand-chose. »

Elle parvint à s'entendre avec Rose, la mère de John, jolie femme écrasée par l'âge et les coups durs que la vie lui avait réservés. Elle avait perdu un fils, avait une fille gravement atteinte par une maladie mentale irréversible, et toute sa vie d'épouse avait été bafouée par son mari infidèle. Parfois même sous ses yeux. Avec Jackie, elle se montra tout de suite amicale, attentive, ne l'observant pas trop et cherchant surtout à éviter de la gêner. Elle s'était déjà fait une idée sur elle et, visiblement, une idée positive.

En revanche, avec les sœurs de John, et la femme de Bobby, la bruyante Ethel, l'antipathie fut immédiate. Très vite, Jackie les surnommerait *les pom-pom girls,* tandis que celles-ci lui trouveraient un surnom tout aussi désagréable : *la débutante.* Presque sans se cacher, les *pom-pom girls* se moquaient aussi du physique de Jackie, de ses yeux trop écartés, ses épaules trop larges, de sa poitrine trop plate, de ses pieds trop grands et de ses jambes trop maigres, sans parler de cette voix de bébé qu'elle affectait de prendre, comme pour mieux déstabiliser ses interlocuteurs. Il fallait bien admettre que cela pouvait être énervant, cette façon de s'exprimer, légèrement essoufflée, avec une voix de tête qui dissimulait un esprit vif et un sens aigu de la repartie.

Joe, lui, l'avait tout de suite aimée. Le lendemain de son arrivée, pendant que les autres regardaient un film au sous-sol, il l'emmena voir la collection de poupées de Rose, des centaines de jolies figurines qu'elle avait rapportées du monde entier. Ensuite, plus sérieusement, il entra dans le vif du sujet en lui tenant un langage que Jackie, et plus encore sa mère, était à même de comprendre. Il lui parla des placements souscrits pour ses enfants et lui expliqua que John ne manquerait jamais d'argent quoi qu'il fasse. Il recevait déjà les revenus de dix millions de dollars placés à son nom. C'était hallucinant, cette scène d'un autre temps, qui aurait pu se situer dans une foire aux bestiaux. Un jeune homme de bonne famille emmenait sa petite amie en week-end dans sa famille, et voilà qu'en quelques heures, celle-ci se retrouvait face à un contrat de mariage. La manœuvre était vulgaire, c'est le moins que l'on puisse dire. Elle démontrait aussi que Jackie avait séduit Joseph Kennedy.

Comme il était le patriarche, le chef du clan Kennedy, celui qui pensait à tout, y compris ce à quoi tous les autres ne pensaient pas, il fut quand même pris d'un doute : et si cette jeune personne, cette poupée de porcelaine trop mince, trop fragile en apparence, n'était pas capable de lui donner des petits-enfants ? Il faudrait s'en assurer avant que la relation entre John et Jackie aille plus loin. Tant de pensées, bonnes ou mauvaises, en un seul week-end, c'était déjà un exploit. Chez les Kennedy, c'est certain, on ne perdait jamais de temps.

Quand ils repartirent pour Washington, Jack se montra ravi de ces journées : la corvée de la présentation à la famille avait été expédiée de la meilleure manière qui soit. Tout était réglé. Il faudrait aussi qu'il pense à demander Jackie en mariage, mais cela ne pressait pas trop. La réponse, il la connaissait puisqu'elle avait accepté de venir avec lui à Hyannis Port. Bien sûr qu'elle serait d'accord pour l'épouser. Pourquoi dirait-elle non ? Le doute n'était pas son péché mignon. C'était aussi un trait naturel des Kennedy de ne jamais se poser de questions sur les autres, sur ce qu'ils pensaient ou ce qu'ils ressentaient. Il fallait que tout marche comme eux le souhaitaient.

Quant à Jackie, elle avait compris que le week-end à Hyannis Port avait une signification plus importante qu'une simple visite à la famille de son petit ami. Elle n'était pas mécontente, et savait que Janet serait elle-même ravie.

5

Blessures intimes

Cela ne paraissait pas très important mais John Kennedy restait frustré, alors, quand il songeait à son avenir. Son père ne voulait pas en démordre : il devait relever le défi et ramasser le témoin abandonné par son frère. Et la gloire avec. Il aurait préféré écrire – « un truc de gonzesse », selon Joseph –, ou peut-être se consacrer au métier d'avocat. Pas question. Ce serait la politique et son père, armé de sa morale de coccinelle, était prêt à donner tous les dollars du monde pour faciliter son ascension et l'aider à gagner des élections. Soumission, exécution. Comme Jack avait du talent, même quand il freinait des quatre fers, le succès était au bout du chemin.

En novembre 1952, il était élu sénateur du Massachusetts. C'était un premier pas vers une ascension que Joseph Kennedy souhaitait irrésistible. John, malgré tout, ne s'était pas encore mis entièrement dans la peau du champion de la famille, celui qui réaliserait le rêve absolu : être le premier catholique d'origine irlandaise à devenir président des États-Unis. Son succès pendant la guerre, les décorations qu'il arborait désormais, étaient évidemment des aiguillons qui le poussaient à aller encore plus loin. Il y avait aussi ses diverses souffrances physiques qui lui gâchaient la vie, l'empêchaient de vivre ne fût-ce qu'une heure comme un homme normal. Il s'y habituait, évitait de se plaindre, mais, de temps en temps, lâchait, l'air résigné : « Entre mes béquilles et mes douleurs, quoi qu'en pense mon père, je n'irai pas bien loin. »

Il y avait un troisième aspect de sa vie qui pouvait être un obstacle à son ascension : il n'arrivait pas – et d'ailleurs avait-il jamais essayé – à dominer ses pulsions sexuelles qui l'entraînaient toujours plus vers des relations aussi brutales que brèves avec la plupart des femmes qui se trouvaient sur son chemin. Peu importait qu'elles fussent jeunes, jolies, ou bien plus âgées et bien moins jolies, il lui fallait du sexe, parfois plusieurs fois par jour, et il était évident que cela pourrait lui nuire à l'avenir.

En 1953, alors qu'il fréquentait assidûment Jackie et que leur avenir commun ne faisait plus de doute pour personne, il profita de rendez-vous professionnels dans son bureau du Sénat pour draguer sans aucune délicatesse une jeune journaliste, Margaret Coit. Celle-ci avait reçu en 1951 le prix Pulitzer pour une biographie et elle en préparait une autre sur un ami de Joe Kennedy, et ce fut à ce titre que Jack accepta de lui accorder un entretien. Tout se passa très bien d'abord. Il lui adressa quelques remarques flatteuses sur son travail, précisa que lui-même préférerait avoir le prix Pulitzer qu'être élu président, puis, comme un gosse un peu vantard, il désigna les étagères où s'alignaient de centaines de livres en disant : « Demandez-moi ce que vous voulez sur n'importe lequel de ces livres, je les ai tous lus. » La jeune femme sourit, elle retint que ce sénateur débutant possédait une culture étonnante et une aisance désarmante, mais elle allait être surprise par la suite des événements. Après l'entrevue, Kennedy proposa à la journaliste de la raccompagner chez elle. Elle accepta.

Il se déplaça sur ses béquilles jusqu'à sa voiture. Dès qu'il fut au volant, il sembla transformé par l'envie d'aller le plus vite possible, quelles que furent les circonstances. C'était une habitude chez lui. Il conduisait toujours comme un fou. Effarée, Margaret Coit s'aperçut qu'il contournait les embouteillages en roulant sur les voies de tramway comme si elles lui étaient réservées. Il insulta les conducteurs qui ne se poussaient pas assez vite et lorsqu'enfin elle réussit à lui poser la question : « Pourquoi êtes-vous si pressé ? », il fit cette réponse assez surprenante : « Je saisis toutes les opportunités, voyez-vous. Je n'ai pas de temps à perdre. »

Deux jours plus tard, il lui demandait un nouveau rendez-vous et elle accepta volontiers. Elle était sous le charme, malgré tout. Cette fois, il alla droit au but. Il lui demanda d'aller chez elle, et à peine arrivé, sans un mot, se jeta sur la jeune femme qui eut bien du mal à le repousser. Cela se passait à une époque où une certaine réserve était requise, du moins les premiers temps. Avec un peu de désespoir dans la voix, Margaret essaya de toucher Kennedy au point sensible : « Écoutez, j'ai des principes comme vos sœurs. » Alors il éclata de rire et répondit qu'il se fichait bien de ce que ses sœurs faisaient ou ne faisaient pas. Elle ne désespérait pas et tenta une nouvelle manœuvre : « Et le prêtre, qu'est-ce que vous allez lui dire ? — Oh, il me pardonnera. »

Le plus extraordinaire, se souvenait-elle, c'est qu'au bout d'un moment, il a brusquement cessé ses assauts et il est redevenu normal. Posé. Différent.

« Il s'est alors éloigné de moi et s'est mis à me parler de politique étrangère. » Ça a duré une dizaine de minutes puis il s'est arrêté brusquement. Les affaires internationales ne l'intéressaient plus. Il y a eu un long silence avant qu'il commence à parler de lui-même. Il avait du mal à savoir qui il était. Je comprenais mieux ses changements d'attitude subits, ces comportements désordonnés et incohérents. Cet homme avait combien de personnalités ? Pour finir, il m'a fait cet aveu incroyable : « Je ne me comprends pas toujours moi-même. »

Margaret Coit a repensé à cette scène, quelques années plus tard, quand Kennedy est devenu président des États-Unis. Elle le voyait sur les écrans de télévision, sur les pages des quotidiens et des magazines, elle l'écoutait discourir avec les grands de ce monde, menacer de faire la guerre ou tout faire pour réussir la paix, et elle n'en revenait pas. Était-ce bien le même homme qui se tourmentait, alors, parce qu'il ne savait pas qui il était ?

Comme elle, on s'étonne de ce futur président capable, d'une seconde à l'autre, de se comporter comme un lycéen en rut, puis en expert international des affaires étrangères. Accessoirement, on s'étonne aussi qu'il n'ait pas été freiné, au moins, par l'ombre de Jackie et de leurs projets d'avenir.

En mai 1953, environ un mois après la mésaventure vécue par Margaret Coit, Jackie partit en Angleterre pour couvrir la cérémonie de couronnement de la reine Élisabeth II. John Kennedy ne l'avait toujours pas officiellement demandée en mariage. Elle ne voulait pas avoir l'air d'être en demande, mais tout de même. Sa mère s'inquiétait, exigeait une « clarification » de la situation. Après tout, en 1953, il n'était pas courant que deux jeunes gens apparaissent régulièrement ensemble, soient reçus dans leurs familles respectives sans que l'on envisage d'officialiser cette relation.

Jackie était amoureuse, c'était une certitude. Elle connaissait déjà un certain nombre de défauts de John, et sans doute avait-elle décidé qu'elle devrait faire avec. Sur certains points, il ne changerait pas. Contrairement à la plupart des hommes, il ne ferait même pas semblant.

Avec elle, il s'était toujours montré respectueux jusque-là. Donc elle n'avait pas pu mesurer cette frénésie sexuelle qui s'emparait régulièrement de lui. Peut-être était-ce d'ailleurs à cause de cela qu'il tardait à officialiser. Il la respectait sans aucun doute et découvrait la beauté des sentiments à ses côtés. Peut-être avait-il, aussi, peur de lui-même et de ses dérives incontrôlables.

Amoureux de Jackie, il n'était certes pas embarrassé par un critère idéal que lui aurait communiqué sa mère. Jamais il n'avait eu avec Rose de relation affective, donc Jackie n'aurait pas à souffrir d'une quelconque comparaison.

Jackie n'était pas son genre, c'était aussi une évidence : mince, presque maigre, une poitrine menue, des grands pieds qui l'embarrassaient, comme ses cheveux qui frisaient à la première averse. Elle se débrouillerait à merveille, plus tard, pour s'adapter à ces petits travers et créer un style unique et presque inimitable. Surtout, elle était différente. Elle avait ce quelque chose indéfinissable qui la distinguait de toutes les autres. Il n'avait pas de doute sur sa certitude de l'aimer, même s'il n'avait pas l'intention de s'arrêter sur cette idée. C'était comme ça, ça ne changerait pas.

De rares privilégiés avaient eu la chance de l'entendre parler de Jackie. C'était un feu d'artifice de compliments. Il la trouvait belle, intelligente, vive, pleine d'humour et de culture et, à trente-cinq ans, il avait pu mesurer que des femmes comme elle étaient assez rares. Il avait envie d'en faire son épouse, la mère de ses enfants.

Et puis, les affaires sont les affaires, et comme il était *obligé* de se lancer dans une carrière politique dont son père espérait qu'elle l'amènerait au sommet, il lui fallait une épouse. Il devrait se marier. Ce n'était pas une décision si facile à prendre, quand même. La demande ne venait pas. Soit qu'il ne trouvait pas les mots, soit qu'il se méfiait encore de lui-même.

Avant de partir pour l'Angleterre, Jackie lui reposa une nouvelle fois la question. Quand allait-il la demander en mariage ?

« Je ne suis pas prêt, lui dit-il, mais c'est toi que j'ai choisie.

— Comme c'est gentil », répondit-elle.

Elle essayait de traiter la chose par l'humour, mais elle était vexée et même un peu plus que cela. Cette réponse de John, ce fut aussi une blessure. Ça la mit mal à l'aise. Elle s'abstint pendant ses premiers temps en Angleterre de communiquer avec lui. Il devait apprendre qu'elle n'était pas à sa disposition.

Sans doute avait-il compris le message car, au bout de quelque temps, il lui envoya un télégramme : « Tes articles sont excellents, mais tu me manques. Je t'aime. Jack. » Elle ne répondit pas. Quelques jours plus tard, un nouveau télégramme suivit : c'était une demande en mariage.

Jackie accepta, mais elle gardait quelques réserves. Dès son retour, alors qu'il était venu l'accueillir à l'aéroport, elle lui posa, très sérieusement, la question de savoir s'il avait vraiment envie de se marier. Elle voulait bien faire plaisir à sa mère et soulager les finances de la famille (cela, elle ne lui dit pas), mais elle ne voulait pas s'embarquer dans un mariage qui échouerait dans un cul-de-sac. Les hésitations de John lui faisaient peur. Elle se posait la question de savoir si elle était prête à tout accepter de cet homme qu'elle aimait absolument, mais qui était en train de se lancer dans une vie loin de ses propres aspirations.

John aussi avait ses doutes. Il les avait déjà exprimés à plusieurs reprises et il continuait, même après avoir fait sa demande. À l'un de ses plus proches amis, il confiait : « Je suis à la fois trop jeune et trop vieux pour le mariage. Peut-être que cette union marquera la fin d'une carrière prometteuse qui n'a jusqu'à présent reposé que sur mon charme. Ou donnera le signal d'une irrésistible ascension. »

L'ambiguïté de la confidence permet de comprendre malgré tout que son projet de mariage était indissociable de sa carrière politique.

Les fiançailles furent annoncées le 25 juin 1953. Pour l'occasion, Jackie portait au doigt une somptueuse bague d'émeraudes et de diamants qui était le symbole exact de ce que sa mère entendait par « vraiment riches », lorsqu'elle parlait des hommes que devaient épouser ses filles.

Un mois plus tard, John s'envolait pour la France avec l'un de ses meilleurs amis. Ils avaient décidé de louer un yacht et de faire une croisière sur la Côte d'Azur, pour se consacrer à ce que John appelait « courir les filles ». Comme dans d'autres activités typiquement masculines, tels le golf et le bowling, l'objectif affiché était de battre un record. En l'occasion, on imagine de quels records il s'agissait.

Jackie était catastrophée. Abattue plus qu'ulcérée. En quelques minutes qui avaient suivi l'annonce de ce départ, elle avait compris ce que risquait d'être le reste de sa vie de couple. Pendant quelques semaines, John se promena sur la Riviera, rencontra de charmantes jeunes femmes, noua des relations, et se préparait, dans cette ambiance de fête permanente, à aller se marier aux États-Unis une semaine après son retour. S'il s'agissait d'un enterrement de vie de garçon, c'était un peu long.

S'il y avait à retenir un seul moment intéressant de ce voyage assez navrant quand on pense à ce que John avait laissé aux États-Unis et à la blessure qu'il infligeait à celle qui était sur le point de devenir sa femme, on retiendrait la question un peu désarmante d'une jeune femme croisée pour quelques jours à Cannes et qui, se piquant d'astrologie, lui demandait : « Crois-tu dans le destin ? » Et le jeune homme de répondre : « Oh, je crois que mon destin est de faire tout ce que veut mon père. »

Il l'avait déjà dit à Jackie quelques mois plus tôt, il le répétait à une presque inconnue. C'était une blessure intime, la sensation d'être manipulé, ballotté dans une existence qu'il ne souhaitait pas. Il ne serait pas le premier à s'apercevoir que, malgré les apparences, le problème, c'est la vie qu'on n'a pas eue.

6

Un mariage d'enfer

Joseph Kennedy envisageait l'avenir en regardant toujours vers le haut. Ce mariage était une opportunité unique pour lui, et pour son ambition de voir un jour son fils président. La Maison-Blanche, c'était le destin promis à Joe, le fils aîné, mais les choses n'avaient pas bien tourné. Désormais il fallait compter sur John, malgré tous ses défauts.

Pour ce mariage, qu'il voulait hors normes, Joe Kennedy avait invité sept cents personnes à la cérémonie et mille deux cents à la réception. Il s'arrangea aussi pour que cet événement fasse la une du *New York Times* et du *Washington Post.*

Jackie fut horrifiée lorsqu'elle apprit que des journalistes seraient présents à la cérémonie. Elle pensait à un mariage de conte de fées, ce n'est rien de dire qu'elle déchantait. Elle trouvait extrêmement vulgaire de transformer une fête privée en un événement public et enrageait de se retrouver sous les feux de l'actualité sans que personne ne lui eût demandé son avis. Mais que pouvait-elle y faire ? C'était Joe Kennedy qui payait tout. Pas Hughdie, son beau-père, et encore moins son père.

Ce 12 septembre 1953, quand Jackie s'arrêta dans l'entrée de l'église Sainte-Marie de Newport, Rhode Island, elle s'examina un instant dans le miroir et eut un mouvement de désapprobation. Sa robe de mariée ne la mettait pas assez en valeur à son goût. Son encolure arrondie et son corsage ajusté soulignaient sa poitrine plate et sa taille trop mince. Si on lui avait laissé le choix, Jackie aurait plutôt opté pour une tenue sculpturale, plus moderne, un modèle qui aurait fait ressortir sa jolie nuque souple. Or, John avait insisté pour qu'elle fût habillée de façon traditionnelle. Elle avait bien tenté de lui exprimer son point de vue sans qu'il ait rien voulu entendre. D'un geste agacé, elle tenta de faire bouffer son épaisse jupe parsemée de ridicules boutons de fleurs d'oranger. Autour d'elle, sa sœur Lee et les demoiselles d'honneur s'agitaient en bavardant joyeusement. Tout excitées, elles ne tenaient pas en place.

Ce jour de septembre 1953 était censé être le plus important de la vie de Jackie. Et il l'était. Elle avait vingt-quatre ans et dans quelques minutes elle deviendrait l'épouse d'un riche et séduisant sénateur des États-Unis qui ambitionnait d'entrer à la Maison-Blanche. Bientôt on l'appellerait Madame John Fitzgerald Kennedy. Peut-être un jour serait-elle la femme du président des États-Unis.

Ce ne pouvait pourtant pas être le plus beau jour de sa vie, car à ce moment-là elle n'était pas heureuse. Et ce n'était pas simplement à cause de sa robe. Au moment où l'orchestre entonna la traditionnelle marche nuptiale, lorsqu'elle était censée descendre l'allée au bras de son père, un autre homme se tenait auprès d'elle. Hugh Auchincloss, son beau-père, le mari de Janet, un homme qu'elle aimait bien et qu'elle respectait, mais qui en aucun cas, et surtout à ce moment-là, ne pouvait lui faire oublier son père.

John Bouvier était absent et, à plusieurs reprises au cours de la matinée, Janet avait expliqué à sa fille la raison de cette absence : il était trop ivre. À plusieurs reprises, Jackie qui avait du mal à croire à cette version, avait réinterrogé sa mère.

« Tu es sûre ? À quel point est-il ivre ?

— Ivre mort. »

À un moment donné, Jackie s'était mise en colère :

« C'est de ta faute Tu l'as humilié en l'excluant de toutes les soirées de fiançailles. Inutile de se demander pourquoi il a bu. »

Un peu plus tard, la colère était revenue, plus forte encore :

« Tu n'as pas supporté que papa assiste au mariage de Lee et qu'il la conduise à l'autel. Tu as cherché à l'empêcher de venir à Newport. La seule chose qui t'intéresse c'est le qu'en-dira-t-on, tu ne penses qu'à comparer papa et mon beau-père !

— Je ne permettrai pas à Jack Bouvier d'assister à ce mariage », coupa Janet en élevant la voix. Cette fois, l'affaire était réglée définitivement.

En réalité, Janet avait réussi ce qu'elle avait longuement projeté en se donnant les moyens d'y arriver. En secret, elle avait chargé Michael Canfield, le mari de Lee, de faire boire John Bouvier afin qu'il fût incapable de sortir de sa chambre d'hôtel. Michael était certain d'avoir réussi sa mission : Jack Bouvier était hors d'état de nuire. La procession pouvait donc descendre l'allée comme l'avait voulu Janet, c'est-à-dire sans la présence du père de la mariée.

Une fois que le révérend Richard J. Cushing, archevêque de Boston, les eut bénis, Jackie et Jack s'embrassèrent comme le veut la coutume et redescendirent la nef en saluant d'un sourire ou d'un signe de tête leurs proches et leurs amis. Tout le monde pouvait remarquer à ce moment-là la tristesse dans le regard de Jackie, et parfois même sa mine renfrognée. Plusieurs photos en témoignent. Comme si elle n'était pas heureuse de se marier. Son chagrin était ailleurs, on l'a compris.

Quelques secondes plus tard, alors que la jeune mariée s'avançait vers le fond de l'église, elle remarqua un homme aux cheveux blancs, assis près de Charles Spalding, un ami de son père. Ses yeux étaient embués de larmes. Jackie mit plusieurs secondes avant de se rendre compte que cet inconnu était en fait son propre père. Le visage déformé sans doute par l'alcool absorbé la veille, par le chagrin d'avoir été rejeté le jour du mariage de sa fille, honteux d'avoir à se cacher comme un intrus.

En une seconde, Jackie avait eu confirmation que la machination contre son père avait été couronnée de succès. Si cela n'avait tenu qu'à lui, il aurait accompagné sa fille. Les portes de l'église s'ouvrirent et une lumière radieuse s'infiltra à l'intérieur, aveuglant Jackie un instant. Elle entendit la foule applaudir et crier. Des centaines de gens se pressèrent derrière le cordon de police pour tenter d'entrevoir le séduisant sénateur des États-Unis et sa magnifique jeune épouse.

Jackie avait beaucoup de mal à retenir ses larmes. Sur son visage renfrogné se lisait l'amertume. Elle éprouvait tellement de peine pour son père qu'elle en oubliait la sienne. Ce jour-là, elle se jura de ne plus jamais permettre à Janet de commettre de tels sacrilèges. Son amour infini pour Black Jack et son sens de la fidélité feraient barrage.

Autre sujet d'angoisse pour la jeune mariée, lorsqu'elle évoquait l'avenir : l'état physique de son mari. John Kennedy, toujours en proie à ses douleurs innombrables dès qu'il devait se mouvoir comme tout le monde, avait souffert le martyre pendant toute la cérémonie, serrant les dents pour que personne ne s'aperçoive de ce qu'il endurait. Jackie ne pouvait pas ne pas avoir vu qu'il avait eu toutes les peines du monde à s'agenouiller et à se relever pour prononcer ses vœux, les larmes aux yeux et les dents serrées. Dans des moments comme celui-ci, la vie à venir apparaissait bien sombre.

Le lendemain, après une réception épuisante, le couple s'envolait pour le Mexique, où Jackie avait passé des vacances avec sa mère et sa sœur deux ans plus tôt. Elle rêvait d'y retourner.

Au retour de leur lune de miel, Jackie se livrerait à une opération qui serait sans doute mal comprise par beaucoup et qui contribuerait à ternir sa réputation. Elle s'empressa de revendre tous les cadeaux de mariage qui ne lui plaisaient pas. Et elle le fit savoir sans se préoccuper de ce que les gens en penseraient.

Beaucoup en conclurent qu'elle était guidée par l'appât du gain, à l'affût du moindre dollar, là où elle avait seulement voulu se débarrasser de vilains souvenirs.

7

L'adultère comme un sport et un passe-temps

Si Jackie Kennedy – c'étaient désormais son prénom et son nom officiels – avait eu le pouvoir de jeter un regard sur son avenir, en cette fin d'année 1953, elle aurait découvert, fascinée et terrifiée, que sept ans plus tard, elle serait Première dame et que dix ans plus tard, elle deviendrait veuve. Un destin hors du commun.

Pour le moment, son premier défi était de se faire une place au sein du clan Kennedy. Et ce n'était pas facile. De plus en plus happé par la politique, Jack voyageait sans cesse, il était rarement là et elle devait s'occuper à sa manière, sans compter sur sa nouvelle famille. Rose Kennedy, malgré la sympathie qu'elle lui inspirait, semblait ne pas la voir, ses belles-sœurs la moquaient. Il n'y avait que Joe, toujours bienveillant avec elle, et Bob, le jeune frère de Jack, pour la considérer comme une personne.

Les activités professionnelles de son mari, sa carrière politique prenaient de l'épaisseur. Jackie ne pouvait pas s'en plaindre ni y échapper. Elles étaient légitimes. D'autres l'étaient moins.

Jackie avait compris depuis un certain temps qu'elle s'était mariée à un homme pour lequel le passe-temps le plus agréable était, selon sa propre expression, de courir les filles. Ce n'était ni un défaut ni un vice selon le clan Kennedy, plutôt une sorte de sport dans lequel, comme d'habitude, les Kennedy cherchaient à être les meilleurs. Alors, Jackie s'efforça elle aussi de s'en amuser, et quand elle le voyait déployer ses charmes pour séduire une jeune femme, elle disait de son mari qu'il devenait « tout feu tout flamme » et elle lui avait même trouvé un surnom pour ces moments : « Jack le Magicien ». Bien sûr, elle faisait aussi comme si elle ignorait la suite inévitable de ces saynètes. Or, quand Jack devenait « tout feu, tout flamme », il ne s'arrêtait jamais en si bon chemin.

Jackie souriait, plaisantait, mais sa rancœur devenait plus lourde au fil du temps. Elle en arrivait même à se confier à une amie : « Comment peut-on vivre avec un mari qu'on aime et qui est forcément infidèle ? »

Son amie n'avait pas la réponse, et elle non plus apparemment. Elle aurait pu s'interroger sur le *forcément.* Un homme est-il *forcément* infidèle ?

À vouloir se persuader que la chose était naturelle, n'était-elle pas complice de Jack ? Le bousculer, lui montrer qu'il abîmait leur relation quand même, lui aurait peut-être fait le plus grand bien. Elle n'en était pas là. Ce qu'elle savait, avec force, c'est qu'elle aimait Jack et qu'elle était prête à beaucoup de concessions pour continuer à vivre auprès de lui.

Elle souffrait pourtant dans sa fierté, car le fait de subir sans se révolter n'indiquait pas pour autant qu'elle était sans caractère. Son intelligence la guidait la plupart du temps. Elle l'amenait sans doute à souffrir un peu plus qu'elle n'aurait dû, par exemple dans ces moments où elle se posait des questions qui ne viendraient pas à l'idée de la plupart des femmes.

« Je suis si différente des femmes qui l'attirent d'habitude ! Pourquoi s'est-il attaché à moi ? »

À cette question pas plus qu'à d'autres, Jackie n'aurait pas de réponse. Aimer sa femme était une évidence pour John Kennedy, il ne voyait pas plus loin. Le temps lui manquait.

Comme si chacune des deux positions était inscrite, et définitivement, elle voulait être face à ce mari volatil le pilier du couple. De petits signes qui parfois restaient invisibles mais en disaient long. Ainsi, elle portait toujours sur elle une photo de Jack, une manière de dire qu'ils ne se quittaient jamais.

En dehors de toutes les informations relatives à la santé de Jack et aux divers traitements qui accéléraient sa frénésie de sexe, la rendant de plus en plus incontrôlable, Jackie savait que, chez les Kennedy, l'adultère était une pratique courante et que son beau-père avait donné à ses fils, en l'occurrence, de très mauvais exemples.

La différence entre Jackie et Rose, sa belle-mère, également blessée au plus profond dans son estime d'elle-même par les diverses tromperies et humiliations, c'est que Jackie ne pouvait pas se réfugier dans la religion. Elle ne croyait pas assez. En revanche, la littérature et la poésie étaient des aides incomparables. Dans les moments où elle souffrait le plus des écarts de Jack, elle murmurait cette phrase de William Auden qu'elle connaissait par cœur : « S'il ne peut y avoir d'égalité dans l'affection, je serai celle qui aime le plus. »

Avait-elle espéré que cela changerait un jour ? Oui, sans doute, même si elle disait le contraire. Secrètement, elle pensait que le jour où ils auraient des enfants, les choses seraient différentes. En attendant, elle avait décidé que dans leur couple bancal, l'un des deux au moins serait fidèle – pour faire une moyenne. Cela ne serait pas toujours vrai, mais pour le moment c'était le cas.

Parfois elle craquait et traversait des périodes de tristesse intense. Il lui arrivait aussi de fondre en larmes. John en était insupporté : les femmes Kennedy n'étaient pas censées pleurer. Il n'avait jamais vu sa mère pleurer, pas plus que ses sœurs. Il est vrai que d'après le clan, et même si on ne le lui disait pas en face, Jackie n'était pas une vraie Kennedy et ne le serait jamais.

À son désarroi venait s'ajouter au fil des mois une angoisse d'abord imperceptible puis de plus en plus concrète : les maladies dont souffrait Jack, ses handicaps multiples, tout cela promettait un avenir sans grande espérance. Les pronostics n'étaient jamais énoncés, mais il était bien entendu que John Kennedy ne vivrait pas très vieux. Lui-même le savait. Il n'avait pas encore quarante ans, mais il était depuis des années un malade qui bénéficiait d'un sursis.

Entre l'hostilité ou, au mieux, l'indifférence du clan Kennedy, et la santé défaillante de son mari, Jackie avait commencé d'entretenir une peur panique de ce que serait l'avenir sans Jack. Cela n'avait rien à voir avec l'amour qu'elle portait à son mari, mais elle ne pouvait pas s'empêcher de penser (le travail de bourrage de crâne de sa mère avait fini par payer) qu'elle risquait, un jour pas si lointain, de se retrouver à la fois veuve et dénuée de tout moyen d'existence. Elle avait compris comment fonctionnaient les Kennedy.

Il y avait le clan et personne d'autre. Un jour, l'argent de Joe Kennedy irait à ses enfants et à ses petits-enfants et si Jack n'était plus là, il n'y aurait rien pour elle. Quand il y aurait des enfants, sans doute la regarderait-on autrement – elle n'avait pas oublié les mirifiques promesses de Joseph –, mais pour le moment ce n'était pas le cas, il fallait donc s'organiser.

Chaque fois qu'elle le pouvait, Jackie mettait de l'argent de côté. C'était à elle de prévoir l'avenir. Il serait abusif de dire qu'elle devenait obsédée, mais il est vrai que, mal à l'aise dans un mariage troublé par les infidélités de Jack, les angoisses autour de sa santé, sans aucune garantie financière, elle voyait toutes ses peurs s'exacerber. Tout serait différent plus tard lorsque Jack aurait gagné la Maison-Blanche avant d'être assassiné. On ne jette pas à la rue la veuve d'un président tué en exercice ! Et on ne la laisse pas sans ressources pour elle et ses enfants. Mais qui pouvait prévoir cette issue ? En attendant, son sort ne préoccupait pas sa belle-famille.

Le manque de considération des Kennedy la troublait plus que tout. Jack, à sa manière, la respectait et ils arrivaient à passer de très bons moments ensemble, même si ces moments étaient trop rares. Mais il vivait aussi sous la coupe de son père qui n'avait jamais caché ses ambitions effrénées. Et sous l'influence de Bobby qui lui portait une immense admiration et donc voulait le meilleur pour lui. L'idée, c'était d'atteindre le sommet, la présidence des États-Unis. Le reste ne comptait pas. Et sa femme n'avait pas le premier rôle dans le projet. Peut-être jouerait-elle les utilités, si besoin ; pour le reste, on espérait qu'elle réussisse à faire des enfants, avant tout. C'est une philosophie de la vie et de la réussite qui imprégnait le clan Kennedy.

Jackie ne serait donc pas étonnée le jour où il lui arriva de surprendre une conversation entre Joe, Jack et Bobby. Se croyant seuls, les trois hommes discutaient tranquillement des années à venir, de la conquête de la Maison-Blanche et ils distribuaient les rôles pour plus tard. Quand ils en arrivèrent à parler de Jackie, ce fut pour évoquer l'importance qu'elle pourrait avoir dans une campagne électorale. Ils savaient qu'il faudrait compter avec elle pour atteindre la présidence. Ce qui choqua la jeune femme, ce fut la façon dont ils l'évoquaient. Un peu comme si elle n'était qu'un pion. « Ils parlaient de moi comme si je n'existais pas en tant que personne. J'étais une de leurs propriétés, comme Rhode Island », racontera-t-elle plus tard à son amie, Eleanor McGovern.

Peut-être Jackie avait-elle rêvé dans les débuts de son mariage de devenir maman, d'abord parce qu'elle en avait envie, aussi en espérant que cela renforcerait le lien avec John. Elle s'était persuadée au fil des mois qu'un enfant apporterait à son couple toute la stabilité dont il avait besoin. C'était naturel.

Désormais, elle voulait aussi devenir mère pour s'imposer face au clan Kennedy. C'était peut-être une guerre larvée qui s'ouvrait, mais elle ne lui faisait pas peur. Jusque-là ils l'avaient considérée comme un outil à utiliser à bon escient. Ils allaient apprendre à la connaître en tant que personne.

Sa première révolte prenait naissance à un moment cruel qu'elle n'avait pas anticipé. Jack voyait à nouveau sa vie menacée.

8

Jours d'ennui

L'été précédent, il en était arrivé à ne presque plus pouvoir marcher. Ces douleurs de dos qui ne le laissaient jamais en paix. Une nouvelle opération était envisagée, mais aucun chirurgien de Boston ne voulait la pratiquer en raison des risques d'infection liés à la maladie d'Addison. Ne rien faire ? C'était une solution qui pouvait mener au pire. Déjà, il était convaincu qu'il se retrouverait bientôt dans une chaise roulante, sauf miracle. Le miracle, ce serait de trouver un médecin qui accepterait de l'opérer encore une fois. Joseph Kennedy voulait s'y opposer, mais cette fois il n'obtiendrait pas gain de cause.

L'idée de Joe, c'est que même dans une chaise roulante, on peut continuer sa carrière politique (voir Roosevelt) et aspirer à continuer de grimper les échelons. Tandis que mort sur une table d'opération...

John ne voulait pas entendre parler d'une vie d'handicapé : « Si ça doit finir comme ça, je préfère mourir. » Une forme de courage et aussi la preuve qu'il tenait beaucoup à son image de jeune homme sportif, beau garçon, séduisant et en pleine santé. La vérité dans tout cela, il ne s'en souciait pas.

Avec son art incomparable pour manier le mensonge, il alla jusqu'à prétendre, lorsque les journalistes l'interrogèrent sur cette énième opération, qu'elle était la conséquence de sa blessure de guerre, ce qui était faux.

L'opération était nécessaire pour continuer à faire semblant, mais elle l'entraîna, une fois de plus, aux confins de la vie et de la mort. Trois jours pendant lesquels il sombra dans le coma et reçut les derniers sacrements. Une vieille habitude. Selon les statistiques de l'époque, aucune personne souffrant de la maladie d'Addison n'avait survécu à une intervention chirurgicale majeure. Décidément, il était différent.

Ce furent des moments cruels, des heures de souffrance et de désespérance. Sans doute son pari le plus insensé. Jackie n'avait pas eu son mot à dire : chez les Kennedy, les femmes n'étaient pas concernées lorsqu'il s'agissait de prendre des décisions importantes. En revanche, elle ne le quitta pas une seconde.

Ce fut à son chevet, nuit et jour, toujours en alerte, ne dormant que lorsqu'elle tombait d'épuisement, qu'elle traversa ces journées décisives. Lorsqu'il commença à aller mieux et sortit du coma, elle dépassa alors sa propre angoisse pour l'amuser, en lui racontant des potins, en lui lisant quelques extraits de journaux ou de livres et en jouant avec lui aux échecs. Étonné d'abord, de plus en plus admiratif, il découvrait la force peu commune de cette épouse qu'il avait sans doute mésestimée. Et aussi la force de son amour. En quelques semaines, elle lui en avait donné mille fois plus que sa mère et son père réunis.

Événement moins émouvant : il avait profité de son séjour à l'hôpital pour ne pas voter la motion de censure contre le trop célèbre sénateur Joseph McCarthy, l'homme de la chasse aux sorcières[1]. Il allait payer très cher, des années plus tard, cette défection dont une partie des démocrates garda un goût amer. À commencer par Eleanor Roosevelt, la veuve de l'ancien Président.

À la fin du mois de décembre 1954, lorsqu'il quitta enfin l'hôpital, il ne pesait plus que 58 kg et son dos était balafré d'une plaie de vingt centimètres de long, laissant apparaître la plaque de métal qui renforçait sa colonne vertébrale. Il n'en avait pas fini avec ses souffrances, les médicaments censés lutter contre la maladie d'Addison ralentissant la cicatrisation. La plaie suppurait constamment, les douleurs ne s'estompaient pas.

Deux mois plus tard, il retournait à l'hôpital pour une nouvelle opération, cette fois plus bénigne. Il s'agissait d'enlever la plaque de métal et de pratiquer une greffe osseuse. Il pouvait entrer dans une longue convalescence, de mieux en mieux veillé par Jackie qui semblait camoufler ses inquiétudes en jouant les infirmières. Elle n'en menait pas large, cependant. À aucun moment elle n'aurait laissé paraître ses émotions, il ne fallait pas que Jack s'aperçoive de quoi que ce soit. Et lui-même évitait de se plaindre ou de marquer la douleur quand celle-ci devenait trop forte. Ils avaient été élevés ainsi, l'un et l'autre. On leur avait appris, par défaut, à ne pas afficher leurs sentiments. Ne rien laisser percer, jamais. C'était utile en temps de crise, mais cela ne

1. Le 2 décembre 1954, le Sénat vote par 67 voix contre 22 une motion de censure qui met fin aux activités nauséabondes du sénateur McCarthy (1908-1957). Entre 1950 et 1954, celui-ci s'était lancé dans une chasse aux « ennemis de l'intérieur », terrorisant notamment les milieux de gauche, tous accusés d'être communistes et agents infiltrés. À cause de lui, les États-Unis plongèrent dans une paranoïa meurtrière.

les aiderait pas à construire harmonieusement leur couple. Quand on a du mal à dire à l'autre qu'on l'aime et à le lui montrer, on s'enfonce dans un brouillard d'incompréhension. Cela peut-être vite désespérant.

Ces longs séjours à l'hôpital et la convalescence qui avait suivi lui permirent d'écrire un livre, *Profiles in courage*, à travers lequel il dressait le portrait de huit sénateurs américains qui avaient risqué leur vie pour défendre leurs idéaux. Ce livre, talentueux, devait recevoir le prix Pulitzer en 1957[2]. Beaucoup ruminèrent leur amertume : Kennedy n'avait pas fait acte de courage dans l'affaire McCarthy et voilà qu'il se couvrait de gloire littéraire en célébrant le courage d'autres sénateurs.

Ce n'est sans doute pas une excuse mais au moins une explication : il était alors pris entre deux feux à cause de son père, Joseph Kennedy craignant que le sénateur McCarthy – tout puissant à l'époque – vienne mettre son nez dans ses affaires on ne peut plus louches.

À son retour au Sénat, en mai 1955, quelques rides nouvelles marquaient son visage et ses cheveux commençaient à grisonner. Il n'avait que trente-huit ans, mais les souffrances accumulées ne pouvaient pas éternellement épargner son physique. En tout cas, sa coquetterie en avait pris un coup. Il tenait à son pouvoir de séduction. Il décida de se faire teindre en châtain. L'époque balbutiait encore en matière de teinture et sa chevelure passera alternativement du blond

2. La paternité de *Profiles in courage* (*Profils d'hommes courageux*) fut, bien plus tard, accordée à Ted Sorensen, conseiller juridique, bras droit de Kennedy et auteur de ses plus grands discours. L'assertion ne fut jamais démentie.

au presque roux, sans que cela ne l'invite à retourner vers quelque chose de plus naturel.

Peu à peu, il retrouvait la santé, en tout cas une santé qui lui permettait de donner le change. Jackie espérait que les mois à venir concrétiseraient beaucoup d'espérances, maintenant que les mauvais moments étaient derrière eux. Ce fut une récurrence de la vie de couple de John et Jackie : les mauvais moments passaient, mais d'autres se profilaient. Jusqu'aux derniers jours.

Deux ans après leur mariage, une joie immense inonda le couple avant une cruelle déception deux mois plus tard. Jackie fit une fausse couche. Ce fut un moment terrible, de ceux qui fragilisent. Sans posséder d'absolue certitude, elle commençait à penser que son chemin vers la maternité pourrait être un chemin de croix. Ces moments de perte et d'échec sont atroces, surtout que l'on ne sait jamais si la suite sera plus heureuse. Les silences presque gênés du clan Kennedy laissaient entendre ce qu'ils pensaient. Comme si ce qui venait de se produire renforçait les doutes sur la capacité de *la poupée* à faire des enfants.

Elle pouvait compter sur John, heureusement. Il avait d'abord semblé désarçonné, avant de se montrer très attentif, consolateur et affectueux. Dans les moments d'urgence absolue, leur couple se refondait, plus robuste, tel un alliage de métaux précieux. L'amour était une épreuve, décidément, et ils n'étaient pas encore au bout de leurs chagrins.

Elle avait voulu croire, avec sa grossesse, que leur vie allait changer. John serait plus attentif, moins *vadrouilleur* et, qui sait, on pouvait espérer que même les Kennedy la regarderaient différemment. C'en était fini de ces grandes espérances. Pour le clan, cela permettait de raviver les doutes sur la fragilité de Jackie. Cette « poupée maigrelette » était-elle capable de fabriquer une bonne demi-douzaine d'enfants estampillés Kennedy, comme Ethel, la femme de Bob, qui ne s'arrêterait d'ailleurs pas là ?

Peu à peu, la vie allait se remettre en place. Ils étaient capables d'avoir leurs bons moments et Jackie tentait de les retrouver. Quand tout allait bien entre eux, ils se retrouvaient aisément autour de leur amour de la littérature et des livres. Ils se récitaient même des passages de poèmes qu'ils avaient particulièrement aimés, chacun cherchant à faire découvrir des œuvres à l'autre. Jack avait une autre passion : écouter des disques vinyles, surtout du jazz et de la musique classique. Dans ces moments, il pouvait rester sans bouger, muet, les yeux fermés, ce qui était assez inattendu.

La vie reprenait, et les activités politiques aussi. Il fallait rattraper le retard pris à cause de l'opération, de la convalescence, des jours d'anxiété qui avaient suivi la fausse couche. Jack avait abandonné des forces, physiques et mentales. Il lui fallait repartir dans l'action, les déplacements multiples, les nuits sans beaucoup de sommeil. Jackie se sentait à l'écart de cette frénésie. D'ailleurs, elle ne la comprenait pas et, déjà, n'aimait pas la politique. Si, en plus, elle l'éloignait de son mari

Malgré leurs efforts – plus visibles chez Jackie –, ils n'avaient que peu de choses en commun. Elle adorait les chiens et les chevaux, lui y était allergique. Il adorait les conversations à n'en plus finir autour de la politique et des idées, bataillant avec intelligence pour convaincre ses interlocuteurs, elle réservait ses réflexions à ses quelques amies, et le plus souvent autour de la littérature et de l'art. Quand ils étaient invités à une soirée, il rentrait se coucher tôt, elle aimait rester tard. L'emploi du temps de Jack débordait d'activités, celui de Jackie se réduisait à des pages blanches. Il adorait retrouver son clan le week-end venu, quand il n'était pas en campagne, elle détestait se retrouver avec les Kennedy, toujours plus bruyants et plus nombreux. « Quand je n'arrive pas à m'endormir, je compte les Kennedy », disait-elle.

Et elle était jeune ! Douze ans de moins que lui, ce qui compte, épargnée par des maladies ou blessures irréversibles, ce qui compte encore plus. Bien plus jeune aussi que les autres femmes de sénateurs, qu'elle ne trouvait pas très intéressantes.

Il leur arrivait parfois de se rejoindre : quand Jack lui avouait, au milieu de la nuit, au retour d'une équipée électorale, qu'il n'en pouvait plus de tout cela et que cette vie l'ennuyait à mourir. Et elle donc. À quoi bon s'enfoncer dans la morosité de part et d'autre, pour une cause perdue d'avance ? Jamais ils n'aimeraient cette vie imposée. À moins qu'elle ne les mène au sommet. Ça, c'était sans doute un simple fantasme dans l'esprit fiévreux de Joseph Kennedy.

Pendant un temps, elle avait pensé que Jack mettait de la passion dans ce qu'il faisait. Apparemment pas, il se contentait de faire son devoir de fils. Exemplaire mais mal dans sa peau.

Il était toujours pressé, toujours impatient. Elle le sentait instable, jamais réfléchi quand il s'agissait de se pencher sur son couple. Elle avait même commencé à s'insupporter de son éternel sourire. « Ton sourire électoral », lui lançait-elle parfois quand elle était en colère. Elle avait compris que cette façon de faire bonne figure, toujours, quelle que soit la situation, était une manière hypocrite de dissimuler une grande irritabilité. Quelques fois, elle l'avait vu se mettre en colère et même hors de lui avec des collaborateurs, des collaboratrices, et même des proches. Avec Jackie aussi il pouvait se mettre très en colère. Les médicaments et drogues diverses qu'il ingurgitait chaque jour pour soigner entre autres ses douleurs de dos et les effets de la maladie d'Addison, n'y étaient pas pour rien. À la longue, cela avait changé son caractère. D'une minute à l'autre, il pouvait être un autre. Pour Jackie, c'étaient des moments douloureux et d'une grande solitude.

Chez les Kennedy, elle avait peu d'alliés, même pas Rose, sa belle-mère, la seule qui pouvait la comprendre. Cette épouse laminée, femme frustrée et mère glacée, avait déjà beaucoup de mal à entretenir une relation avec son propre fils. Bob Kennedy était gentil et attentif, mais tellement fasciné par son frère aîné. Celui avec lequel elle s'entendait le mieux, c'était Joseph, lequel ne s'intéressait d'ailleurs pas particulièrement à elle. Ce qui importait, pour son beau-père, c'est d'avoir des petits-enfants, et de fonder une dynastie. Comme il ne doutait pas que son fils devienne président des États-Unis, il devrait avoir des héritiers, c'est une règle avec laquelle on ne pouvait pas transiger. Pour le reste, il ne s'intéressait absolument pas aux attentes sentimentales de sa belle-fille. Peu importait que John fût attentif ou pas à son mariage. Jackie l'avait épousé, elle portait son nom, le nom des Kennedy, maintenant elle devait faire son devoir. Régulièrement, quand il entamait une conversation avec elle, il tâtait le terrain : à quel moment pourrait-on annoncer l'arrivée d'un futur événement ?

Ayant des oreilles partout, des espions dans tout Washington, il lui était revenu à plusieurs reprises que Jackie était très intéressée par l'argent. Il lui avait donc promis, lors d'une conversation dans son bureau, de souscrire un fonds d'un million de dollars pour son premier enfant. La jeune femme n'en revenait pas. Elle dirait plus tard qu'elle avait eu la sensation qu'on lui achetait une partie de son ventre. Elle décida quand même de répondre sur le même ton : « C'est d'accord, mais sachez que je demanderai vingt millions si Jack attrape une maladie vénérienne avec l'une de ses putes et me la refile. »

Le vieil homme ne cilla pas : « Si cela se produit, Jackie, ton prix sera le mien. »

9

Faute d'amour

Les beaux moments succédaient à des périodes plus sombres. Tout dépendait la plupart du temps de Jack, de ses élans ou de ses écarts. Après presque trois ans de mariage, ils avaient toujours autant de mal à installer une quelconque harmonie dans leur couple. Ils se disputaient souvent, Jack hurlait parfois, mais ça ne durait pas. Elle boudait souvent, s'enfermait dans son monde de lecture et ne disait plus rien. Ensuite, elle faisait des efforts pour sourire à nouveau. Il ne semblait pas y accorder beaucoup d'intérêt, faisait même semblant de ne pas s'en apercevoir, mais ils se réconciliaient assez vite. À chaque fois, l'amour qu'ils arrivaient si mal à exprimer l'emportait.

Jackie étant à nouveau enceinte, Jack afficha pendant quelque temps un sourire bien plus large, et en tout cas plus profond, que ceux qu'il destinait régulièrement à ses électeurs. Dans son euphorie, il alla jusqu'à demander à sa femme de bien faire attention à elle. Cette fois, pas de catastrophe. Une sorte de sérénité s'installait dans leur petit monde. Comme il fallait veiller au confort de la future maman, il avait décrété : plus d'agitation autour de Jackie, de réunions de travail au salon, et pas plus de hurlements dans le téléphone. Il avait même appris, en ces temps nouveaux, à ne pas claquer les portes.

La politique reprenait ensuite ses droits. Elle n'intéressait pas Jackie même si elle ne le montrait pas trop. Bien obligée si elle ne voulait pas perdre son mari de vue définitivement.

Elle était enceinte de huit mois lorsque, malgré l'opposition de son médecin, elle décida de se rendre à la convention démocrate qui devait désigner le candidat à la présidentielle de novembre 1956.

Sans trop de conviction au départ, Jack s'était battu pendant plusieurs mois pour devenir le candidat à la vice-présidence. Ses handicaps étaient nombreux : sa religion, sa jeunesse et sa santé, bien sûr, qui ne cessait de se détériorer. Et puis, les relents de l'affaire de la motion de censure contre McCarthy. Ça faisait beaucoup.

Il ne serait finalement pas choisi. Une déception pas si frustrante : le président républicain Eisenhower, dont on pensait qu'il ne se représenterait pas, avait finalement choisi de faire un deuxième mandat et personne ne pourrait l'empêcher de gagner. Dans quatre ans, la route serait plus ouverte. Encore faudrait-il tenir jusque-là.

Jackie, prenant sur elle, avait décidé d'accompagner son mari à cette convention. Sans doute parce que les sœurs et les belles-sœurs de Jack étaient présentes et qu'elle ne voulait pas laisser sa place vacante. Et aussi pour montrer à John que, quelles que soient les circonstances, elle était prête à se tenir à ses côtés. Elle avait toujours aimé lui envoyer des petits messages capables de parler d'amour sans avoir à le dire avec des mots. Les fameux blocages.

Très fatiguée, elle devait passer l'essentiel de son temps à se reposer dans sa chambre d'hôtel, à lire, à téléphoner à sa famille et à ses amis. Mais surtout à voir et à revoir une courte liste de prénoms qu'ils avaient choisis pour le bébé qui arriverait bientôt.

Elle était très désireuse d'avoir une fille, et avait choisi le prénom Arabella. Dans la semaine, bousculé comme jamais, John n'avait pas trouvé un minimum de temps à lui consacrer. Elle aurait aimé lui parler de ce prénom qu'elle aimait bien et d'autres choses. Il était trop accaparé par ses obligations et le rôle qu'il devait jouer. Rien d'autre ne comptait, même pas Jackie. Elle se sentait frustrée, ce qui était assez compréhensible. Elle était là pour lui, quand même.

Après cette expérience décevante, Jackie décida de ne plus jamais venir *sur commande* en tant qu'accompagnatrice de son mari. Désormais, lorsqu'elle jugerait que c'était nécessaire et estimerait avoir un rôle à jouer, et seulement dans ces conditions, elle pourrait faire un effort.

La semaine suivante, ils étaient censés se reposer à Hyannis Port. Jackie était donc épuisée et logiquement contrariée. John ruminait sa déception de ne pas avoir été choisi pour être le candidat démocrate à la vice-présidence. L'humeur était morose de part et d' autre. Dans ce cas, ils avaient comme toujours du mal à se rapprocher, à s'aider mutuellement. Bouder chacun dans son coin leur semblait une occupation plus naturelle.

Trois jours à tourner en rond avant qu'il ne décrète qu'il allait retrouver son père dans le sud de la France afin de lui raconter ce qu'il venait de se passer à la convention. La vérité est qu'il voulait fuir, pour commencer. Ensuite, passer quelques semaines de vacances sur la Côte d'Azur en faisant ce qu'il avait toujours fait avec beaucoup de prestance : courir les filles. Il peut sembler curieux qu'un époux file sur la Côte d'Azur, avec quelques copains, sous prétexte de faire de la voile, tandis que sa femme, enceinte, est censée accoucher le mois suivant. Pour John Kennedy, fils de son père, les deux événements n'étaient pas incompatibles.

Pourtant, il était désormais envisageable qu'une grossesse de Jackie puisse être à risque. Et s'achever plus vite que prévu. Quant à parler à son père de la convention ? Il n'y avait rien à dire de plus que ce que celui-ci savait déjà, le reste pouvait attendre. Plus accessoirement, la voile se pratique aussi aux États-Unis, et notamment dans la région de Hyannis Port. Mettre un océan entre sa femme et lui indiquait quels étaient les vrais motifs de cette escapade.

Très contrariée, déçue surtout, Jackie retourna chez sa mère en espérant y trouver un peu de réconfort. Décidément, Jack ne faisait pas beaucoup d'efforts pour elle, il se montrait même ingrat.

Sans que l'on sache s'il y avait un rapport de cause à effet, le 23 août, peu après être arrivée chez Janet, elle commença à perdre du sang. L'anxiété et les grosses déceptions ne réussissent pas aux femmes enceintes.

Transportée d'urgence à l'hôpital de Newport, elle y subissait une césarienne. Victime d'une hémorragie, Jackie était passée à deux doigts de la mort. Lorsqu'elle émergea de l'anesthésie, Bobby, son beau-frère, était à ses côtés, triste et si désolé de lui annoncer la terrible nouvelle : son bébé, une fille, était décédé dans les minutes suivant sa naissance. Puisque Bobby était là, c'est à lui qu'elle confia que le bébé aurait dû se prénommer Arabella. John ne le savait pas.

Bien sûr, aucune nouvelle de lui. Comme si le malheur ne suffisait pas, Jackie était esseulée, une fois encore. Pendant plusieurs jours, toujours hospitalisée pour se remettre, elle demeurerait prostrée et inconsolable. C'est Bobby qui réglerait les formalités de l'enterrement du bébé. Ayant vécu quelques minutes, Arabella avait donc eu une existence légale avant de mourir.

Bobby, touchant de gentillesse et de sollicitude, se montra en revanche surprenant dans sa façon de gérer les événements. Plutôt que d'avertir aussitôt son frère du drame qui se jouait, il préféra s'adresser à son père, lui aussi dans le sud de la France. Plus étonnant encore, il lui demanda de ne rien dire à John. La raison de ce silence imposé semblait plus que tarabiscotée : Jack se serait senti dans l'obligation de rentrer précipitamment, avec le risque de trouver Jackie si déprimée que cela pourrait nuire à leur relation.

Une forme de complot se nouait, et cela n'avait rien de sentimental. Joseph, sans plus de précision, fit savoir à Jack que Jackie n'allait pas bien. C'était bien le moins qu'il puisse faire. Malgré tout, Jack allait continuer de voguer à travers la Méditerranée, insouciant, inconscient, allant de port en port et de fille en fille, oubliant que là-bas aux États-Unis, il était marié et que sa jeune épouse avait besoin de lui.

Après trois jours, Joseph Kennedy se décida à lui dire la vérité. Et sa réaction fut encore une fois étonnante. Il prit la décision de ne rien faire. Pourquoi rentrer maintenant, puisque ce qui était arrivé était déjà arrivé et qu'on ne pouvait plus rien y faire.

On expliquerait plus tard qu'il était à ce point choqué qu'il s'était trouvé dans l'incapacité de voyager. Il était certain, en revanche, que ce comportement irresponsable laisserait des traces dans la relation du couple. Et qu'il pouvait briser la carrière de John Kennedy si la vérité apparaissait.

Il fallait un électrochoc pour le ramener à la raison – et à la maison – et c'est un de ses collègues du Sénat, George Smathers, qui prit l'initiative. Lui, n'avait aucun mal à joindre John, et il lui passa un appel téléphonique cinglant : « Tu commets une énorme erreur en restant sur la Côte d'Azur pendant que ta femme souffre.

— Mais qu'est-ce que je peux faire, répondit Jack, à part m'asseoir dans un coin et me tordre les mains de chagrin ?

— Fais comme tu le sens, mais si tu as l'intention de te présenter à la présidentielle un jour, tu as intérêt de te remuer et à revenir dare-dare au chevet de ton épouse. Sinon aucune femme américaine ne votera jamais pour toi. »

Parfois, certains mots peuvent avoir un poids énorme. Quelques heures plus tard, John prenait le premier avion pour les États-Unis. À son arrivée, très à l'aise dans l'art d'embrouiller les choses, il déclarait aux journalistes qu'il n'avait pas pu arriver plus tôt parce qu'il était à bord d'un bateau dont la radio ne fonctionnait pas. Encore un mensonge : pendant toutes ces journées, son bureau du Sénat à Washington pouvait le contacter à toute heure du jour et de la nuit. Comme c'était le cas pour tous les sénateurs.

À Jackie, il n'était pas question de raconter des histoires. Elle avait appris depuis longtemps à ne pas y croire. De toute manière, mensonges ou pas, elle ne voulait rien entendre. C'était l'humiliation de trop. Tout ce qu'elle avait en tête, après ces journées de cauchemar, c'était de mettre un terme à cette union. Il l'avait blessée et humiliée, par son indifférence et ses mensonges, elle ne pourrait pas lui pardonner. « Tout ce que je veux maintenant, c'est divorcer. »

Le 12 septembre 1956, le jour de leur troisième anniversaire de mariage, Jackie était encore tenue de garder le lit. La porte de la chambre conjugale était fermée à John, qui avait fini par prendre la mesure de sa faute. Comme souvent chez lui, il s'opérait alors un retournement et il avait tendance à s'accabler. Depuis son retour, il multipliait les tentatives de réconciliation. En vain.

10

La débâcle

Les lendemains de drame sont tristes et silencieux. Quand s'y mêle un parfum de trahison, la gêne s'installe et aussi la rancœur. C'est beaucoup. Jack et Jackie souffraient du malheur qui venait d'arriver, mais ils faisaient chagrin à part. C'était sans doute le prix à payer pour les trahisons de Jack.

Comme si c'était une alternative, il se lança dans la campagne désespérée d'Adlai Stevenson pour la présidence. En d'autres temps, on aurait pu penser que cette campagne le passionnerait d'autant moins qu'il avait été évincé de la candidature à la vice-présidence. Mais il fallait bien se changer les idées, tenter d'oublier son chagrin et son remords. Il voyagea beaucoup durant toutes ces semaines, prononça de nombreux discours et serra des milliers de mains. Quand on connaît la suite, cette période ressemble à s'y tromper à la campagne qu'il mènerait quatre ans plus tard pour son compte.

S'il voulait donner l'impression qu'il cherchait à se rapprocher de Jackie, c'était raté. Tout ce qu'il faisait, c'était de s'en éloigner. C'est vrai qu'elle ne l'aidait pas beaucoup. Réfugiée d'abord chez sa mère, puis revenue à Washington, elle ne faisait rien pour partager le quotidien de son mari. La rancœur était encore trop forte. Elle sentait bien qu'il avait des remords, et qu'il s'en voulait de son attitude. Comme un grand enfant peu mature, il lui avait fallu du temps pour comprendre quelle faute il avait commise. Le plus simple serait peut-être d'avoir une conversation avec Jackie, de reconnaître ses torts, de lui avouer qu'il souffrait beaucoup lui aussi. Mais elle n'était pas prête à écouter. Et de toute façon, il n'arrivait pas à lui parler.

Ces deux êtres que beaucoup de choses séparaient le plus souvent, avaient aussi des points communs. Et ce n'était pas forcément pour le meilleur. Ils n'étaient ni l'un ni l'autre soumis à des émotions extraordinaires et ils n'exprimaient pas non plus des sentiments profonds. Restes de leur éducation, ils avaient appris à tenir au plus profond d'eux-mêmes tout ce qui pourrait en dire plus long sur leur personne. La colère, la déception, la jalousie, l'irritation étaient des moments de leur vie qui existaient, certes, mais qu'ils tenaient à contrôler en permanence. Ce qui peut paraître louable lorsqu'on se trouve en public devient un handicap dans le contexte des relations privées. C'est en fait une manière de tout taire, et de rester étranger à l'autre.

À l'extérieur, ils adoptaient sans difficulté la même attitude digne, imperméable à la plupart des émotions, ce qui était d'ailleurs le comportement exigé à l'époque. Nous étions loin alors de notre début de XXIe siècle. Les Américains des années 1950 n'attendaient pas que l'on révèle pensées et sentiments à la presse ou aux photographes. Et certainement pas que l'on se montre main dans la main, que l'on s'enlace, que l'on s'embrasse en public, que l'on verse des larmes Les temps ont bien changé. En attendant, ces règles non écrites de discrétion et de pudeur arrangeaient bien les Kennedy car ils n'avaient pas grand-chose à montrer. Après la perte d'Arabella, leur éducation et leurs personnalités les avaient bien servis quand ils avaient voulu se cantonner dans une réserve douloureuse.

« Nous ne nous comprenions pas pleinement », avait dit Jack en faisant le bilan de leur première année de mariage. Trois ans plus tard, le fossé s'était creusé. Définitivement, semblait-il. Incompréhension mutuelle, rancœur, remords, colère. Tous les ingrédients étaient réunis. Jackie était même proche de la dépression et elle se refusait à s'installer dans la nouvelle maison d'Hickory Hill, choisie pour sa nurserie pimpante, qui n'attendait que leur bébé et les multiples pièces décorées pour une famille nombreuse.

C'était un couple au bord de la noyade qui tentait de survivre. Et comme pour montrer le peu d'espérance qu'ils avaient en l'avenir, ils étaient tombés d'accord pour vendre la maison à Bobby et Ethel qui avaient déjà cinq enfants et en auraient d'autres dans les années à venir. Ensuite, ils louèrent à nouveau une maison à Georgetown, le quartier chic de Washington. C'était encore une fois une maison meublée et décorée par d'autres avec ses pièces sans âme, une atmosphère étrangère et peu accueillante. Cela devenait peu à peu infernal pour Jackie, cloîtrée dans son chagrin. Sa vie commençait à stagner, entre regrets, rancœur et un grand sentiment d'inutilité. Elle se trouvait peu à peu gagnée par la dépression, avec toutes les questions dangereuses qui s'attachent à cet état. Qu'allait-elle faire de sa vie, en dehors de tourner en rond dans des pièces hostiles ? Pourrait-elle un jour devenir mère ? Serait-elle utile ? Elle avait la conviction que ce ne serait pas le cas avec son mari. Que pouvait-elle lui apporter ?

Il parcourait le pays, prononçant des discours flamboyants, proposant des solutions à tous les problèmes, créant de l'enthousiasme autour de sa personne, alors que pour ce qui était de son couple, il ne trouvait aucune solution, ne proposait rien. Et à défaut de générer un enthousiasme délirant chez sa femme, il fallait bien reconnaître qu'à force de petits mensonges et de grandes tromperies, il l'avait poussée vers un état dépressif.

La plus grande part de leur tristesse à tous les deux se trouvait sans doute dans le constat d'échec d'un mariage qui aurait dû leur apporter sécurité, bonheur et envie de vivre, pour eux et pour les autres. Ils avaient tout eu pour réussir leur couple. Cette chance inouïe, ils l'avaient gâchée. Désormais, ils se comportaient comme s'ils avaient tout perdu et n'avaient peut-être pas tort.

Le divorce étant une chose irréalisable, pour l'un comme pour l'autre, il fallait s'accrocher à l'idée de réparer un jour ce qui paraissait aujourd'hui irréparable. Il faudrait pour cela que John décide un jour de sortir de son rôle d'homme survolté, seulement mené par ses ambitions, pour se comporter en mari, au moins un peu empreint d'humanité. Et que Jackie, cessant de vivre dans le devoir sous contrainte, regarde à nouveau son mari avec un peu d'indulgence pour ses faiblesses, et un peu plus de considération pour l'amour qu'elle continuait de lui porter malgré elle. Car l'amour existait encore, même s'il était sous clé, et il continuerait d'exister. C'était le seul trésor de ce couple impossible.

Un tel chaos ne pouvait pas durer éternellement. Il était certain que l'un et l'autre finiraient par céder, chacun à sa manière. Un jour, Jack réunit toutes ses forces mentales pour demander pardon, ce qu'il n'avait encore jamais fait.

« Tu verras, nous allons repartir plus forts qu'avant », avait-il ajouté.

C'est sans doute cette petite phrase qui avait tout changé. Jackie, après cela, ne pouvait pas rester réfugiée dans sa rancœur. Avait-elle pardonné ? C'est une autre histoire. Même si elle n'était pas obligée de le croire, elle avait surtout compris que son destin était de rester auprès de lui, et des Kennedy.

« On ne peut rien contre eux. Ils sont trop forts. »

11

Une vie comme neuve

Dans son enfance et son adolescence, Jackie avait appris à lutter et résister quoi qu'il arrive. Le divorce de ses parents, la vie avec un beau-père, la mise à l'écart de son père de toutes les activités de la famille, sa déchéance, autant de moments qui auraient pu l'entamer. Si c'était le cas, elle n'avait jamais rien montré. Très tôt, elle avait compris qu'il fallait s'accommoder de choses qui paraissaient inacceptables. Étonnamment, elle semblait ne pas pouvoir s'y résoudre avec Jack. Par orgueil, peut-être, sans doute plus par admiration et amour pour lui. Elle attendait de Jack une sorte de perfection et il fallait bien se rendre compte qu'il était loin du compte. Aussi brillant soit-il, et empli d'idées généreuses pour l'avenir de la nation, son mari se laissait aussi aller à des comportements de dévoyé. Fermer les yeux ne pouvait plus suffire. Il fallait en tenir compte comme d'une réalité incontournable, et avancer quand même. Il fallait savoir aussi que Jack était sa propre victime, avant qui que ce soit. Entre maladies et douleurs incessantes, il était gavé de médicaments de toutes sortes qui modifiaient son comportement – ses colères, ses crises de nerfs subites et destructrices – ou l'exacerbaient, le transformant en détraqué sexuel. Ce n'était pas facile d'affronter cette réalité.

Par amour, encore, Jackie allait s'y résoudre. Ayant enfin admis devoir s'adapter à son mari, à ses écarts, à sa personnalité tout à fait extraordinaire et parfois insupportable, les choses avaient commencé d'aller mieux. Désormais, elle avait d'autant plus de facilité à accepter ces contraintes que son amour pour Jack ne faisait que grandir. Elle avait difficilement ouvert les yeux sur lui, mais commençait de l'admirer pleinement, maintenant qu'elle avait fait le compte de ses faiblesses, de ses difficultés à vivre normalement. Tout cela le rendait beaucoup plus humain à ses yeux.

Avoir modifié son point de vue sur Jack lui permettait peu à peu de modifier son comportement envers lui. Plus de bouderies, moins de silences pesants, plus de provocations inutiles. Elle s'était donné pour mission de faire vivre ce mariage du mieux qu'elle pouvait et tenait à réussir son pari. Alors, insensiblement, il entreprit de faire des efforts, de son côté. Plus souriant, plus attentionné, il montrait désormais le plaisir qu'il pouvait avoir à rentrer chez lui. Il avait envie de partager ses soucis, ses projets et ses ambitions avec sa femme, et à l'occasion de lui demander conseil. C'était tout à fait nouveau.

D'un commun accord, sans se concerter, Jack et Jackie avaient décidé de consolider leur mariage. En tout cas, de lui donner une deuxième chance. Lorsqu'il faisait beau, elle venait au Capitole lui apporter un pique-nique et ils déjeunaient tous les deux sur l'herbe comme des touristes. Elle commençait à assister à des séances du Sénat, admettant : « Je ne m'intéressais pas du tout à la politique avant de me marier, mais petit à petit, j'apprends par osmose. »

Ils en étaient à trouver agréable la petite maison de briques rouges à Georgetown où ils avaient décidé d'habiter peu après la perte d'Arabella.

Ce n'est pas pour autant que John cessait ses activités extraconjugales lesquelles, selon lui, n'avaient rien à voir avec son mariage. Pas de sentiment là-dedans, aucune relation qui se prolonge, peu de mots, juste du sexe. Il ne ressentait aucune fierté à courir après toutes les femmes qu'il croisait, comme un adolescent en rut, il avait simplement admis qu'il ne pouvait pas faire autrement. De là à penser que tout cela n'était pas de sa faute...

Jackie n'ignorait rien. Elle avait compris depuis longtemps que cette habitude désastreuse – on pourrait parler de vice – ne changerait pas. En tout cas, elle ne se détournait plus de la réalité. Son mari avait besoin de sexe, n'importe quand, n'importe où, et même si elle n'avait aucune intention de jouer les psychanalystes, elle pensait qu'il était inutile de chercher à le juger, encore moins à le culpabiliser ou le contraindre.

Elle avait essayé pendant quelque temps d'évoquer le problème avec lui, sans succès. Pour Jack, un problème qu'il ne pouvait résoudre n'était pas un problème. Il devait l'accepter et sa femme aussi.

Ils étaient lancés dans une vie comme neuve. Jackie apprenait même le golf en espérant pouvoir jouer avec Jack, mais c'était peine perdue. Il aimait surtout jouer au golf avec les hommes avec lesquels il discutait politique, cherchant à imposer aux uns comme aux autres sa vision des choses. Il y a des manières plus sportives d'arpenter un parcours de golf. D'ailleurs, il ne parcourait pas toujours les dix-huit trous et, si ses douleurs au dos étaient insupportables, il ne se consacrait qu'à quelques trous qui l'intéressaient, par exemple le 3e, le 6e ou le 9e, dans l'ordre qui lui convenait.

Il était bourré de tics nerveux, par exemple remonter ses socquettes sans arrêt ou encore tapoter d'une manière impatiente avec ses doigts, même s'il n'attendait rien.

Question tics comportementaux, Jackie n'avait rien n'a lui envier, même si la plupart de ses photographies donnaient d'elle l'image d'une jeune femme calme et posée. Elle se rongeait les ongles jusqu'au sang et fumait tous les jours soixante cigarettes. Autant de comportements chez l'un comme chez l'autre témoignant qu'ils ne vivaient pas dans la plus grande sérénité. Ils étaient comme des piles électriques l'un et l'autre, toujours tendus, jamais au repos.

En 1957, il était devenu évident que John Kennedy ferait tout pour être le candidat démocrate à la prochaine élection présidentielle en 1960. Et être candidat démocrate, cela pouvait vouloir dire être un vainqueur potentiel, car après huit ans de présidence Eisenhower, il serait étonnant que les Américains ne se détournent pas cette fois des républicains. Kennedy était jeune, ambitieux, il bénéficiait de la force de frappe de son père et de son passé de glorieux de combattant. Il y a des blessures de guerre qui valent leur pesant d'or quand on entre dans l'arène politique.

Il avait aussi quelques handicaps, le plus sérieux étant sa religion : jamais un catholique n'avait été élu président des États-Unis. Il savait que certains clivages étaient encore très forts et qu'il devrait les dépasser s'il voulait gagner. Sa jeunesse, qui pouvait être un atout, risquait aussi d'être un handicap. Il allait avoir quarante ans, et certains le trouvaient encore un peu léger pour le poste qu'il ambitionnait.

Eleanor Roosevelt faisait partie de ceux-là. La veuve de l'ancien président, invitée à se prononcer sur les possibles candidats démocrates à la primaire, déclara que selon elle, un seul avait une réelle dimension politique, Hubert Humphrey. Quand on lui parla de Kennedy, elle répondit avec sécheresse que son père dépensait des sommes astronomiques dans tout le pays pour faire entrer son fils à la Maison-Blanche. Jack, qui venait d'être élu à nouveau au Sénat, lui répondit en arguant de déclarations qui n'étaient basées sur aucune preuve, alors elle l'attaqua de nouveau à l'occasion d'un entretien avec le magazine *Look*, lui rappelant sèchement qu'il s'était défilé quand il s'était agi de se débarrasser de McCarthy, l'homme de la chasse aux sorcières. Dans un article qui reflétait son mépris pour le jeune Kennedy, elle irait jusqu'à le décrire (en référence à son livre *Profiles in courage*) comme « un homme qui sait ce qu'est le courage et l'admire, mais n'a pas la force d'en avoir ». Tant de détestation visait bien sûr le père, honni par une grande partie de la classe politique, démocrates et républicains unis pour une fois, plutôt que le fils.

John Kennedy savait qu'il aurait à faire face à de nombreuses attaques sur le chemin d'une candidature aussi importante. Il ne pensait quand même pas que les premières attaques viendraient de son propre camp. Mais c'était ainsi.

Au mois de mars, Jackie apprenait qu'elle était de nouveau enceinte, une heureuse nouvelle bien sûr, mais accueillie avec l'angoisse naturelle d'une jeune femme qui avait déjà vécu deux pertes irréparables. Bien sûr, elle redoutait une répétition du drame de l'été précédent, mais elle décida de faire taire ses angoisses pour donner cette fois toutes les chances à son futur bébé.

Ses médecins étaient formels : pour espérer que tout se passe bien, enfin, il lui fallait se réfugier dans le calme, cesser d'être tendue en permanence et chasser tous les soucis inutiles. C'était facile à dire, un peu moins facile à réaliser. On peut faire du calme autour de soi, c'est plus compliqué quand il s'agit d'atteindre la sérénité intérieure. Tout ne dépendait pas d'elle. Si Jack pouvait y mettre un peu du sien, ce serait mieux. En tout cas, elle souhaitait que son optimisme naturel puisse prendre le dessus. Et l'aide à surmonter ses angoisses. Jackie était partagée depuis toujours entre une tension maximale qui l'amenait entre autres à se ronger les ongles, à crisser des dents, et à fumer cigarette sur cigarette, et une tendance, optimiste, à penser que les lendemains étaient forcément meilleurs. Cette force incroyable pour donner toujours l'avantage à la vie sur les moments négatifs, c'était la qualité première de Jackie.

12

Caroline

Elle était convaincue qu'il n'y avait qu'une manière de vivre : en avançant. Ne jamais s'arrêter sur des échecs ni sur des souvenirs douloureux. Le bonheur est parfois mensonger, ne pas s'y fier. Savoir aussi que le malheur lui-même cache toujours quelque chose qui pourrait nous aider. Le malheur, elle en avait eu plus qu'elle ne l'aurait imaginé. D'autres temps étaient venus, c'était certain.

Elle décida qu'il serait bien de préparer une nouvelle maison pour accueillir l'enfant qui allait naître. Ce serait aussi le premier endroit que Jackie et John posséderaient ensemble. Une autre façon de chasser les démons du passé et de balayer toute superstition.

Jack était moins enthousiaste. Lui aussi craignait que cette nouvelle grossesse ne se termine comme les autres, et dans ce cas, avoir une grande maison faite pour accueillir des enfants serait un supplice de plus. Mais il se laissa convaincre, et Jackie l'emmena bientôt voir une jolie maison, toujours à Georgetown, dont ils conclurent l'achat en quelques semaines.

Jack avait d'abord parlé du projet à son père qui n'attendait que cela. C'est Joe qui paya la maison, trop heureux de participer à un achat dont la finalité était la naissance de petits-enfants. Jackie pouvait se mettre au travail.

« Mon adorable petite maison penche un peu d'un côté, et l'escalier craque », dit-elle à la décoratrice Dorothy Parish qu'elle engagea comme conseillère dans le but de transformer les lieux. L'édifice en briques rouges de style fédéral comportait trois étages et cachait un jardin planté de magnolias. Joe Kennedy paya 82 000 dollars la maison et les nombreux travaux orchestrés par Jackie en coûtèrent 18 000, ceux-là réglés par le jeune couple. La beauté des meubles et de la décoration, très sophistiquée, impressionnait, mais Jackie tenait à ce que l'on n'ait pas l'impression de se trouver dans un musée. Elle veillait à tout, et même au confort qu'éprouveraient plus tard les visiteurs de toute sorte qu'ils auraient à recevoir :

« Il doit y avoir de grands fauteuils confortables, dit-elle à Dorothy Parish, et des tables où les hommes politiques peuvent poser des papiers, des tasses de café, des cendriers. Et je ne veux surtout pas d'une maison où je devrais constamment dire à mes enfants : “Ne touchez pas.” »

Tout se passait pour le mieux, le fait d'être occupée à ce point par un projet aussi enthousiasmant rendait Jackie plus joyeuse qu'elle ne l'avait été depuis des années.

Elle en oubliait que Jack continuait de disparaître régulièrement, sans doute pour aller retrouver telle ou telle conquête. Peut-être ne l'oubliait-elle pas réellement, mais elle avait appris à s'en moquer. Aucune *escapade* de Jack ne lui échappait. Même quand il *consommait* au bureau, elle finissait toujours par le savoir. Elle avait appris à reconnaître les airs gênés des secrétaires ou des collaborateurs quand elle cherchait son mari qui restait introuvable. Un jour, Ethel, sa belle-sœur, au courant comme tout le monde, essaya de la consoler :

« Ce n'est pas désespéré, il arrive que les gens changent.

— Allons donc, c'est le genre de phrase qu'affectionne James Stewart dans ses films. Non, les gens ne changent pas. Sauf au cinéma ou dans les romans. »

Ce jour-là, elle s'était retenue de rire. La pauvre Ethel était bien naïve.

La grossesse se passait bien, sans alerte. Jackie respectait le repos que lui avaient suggéré ses médecins, surtout elle évitait de s'énerver pour un rien ou encore de se faire du souci. Elle avait largement réduit sa consommation de cigarettes, et continuait de se ronger les ongles, mais mesurément. Le printemps avait été radieux, l'été s'annonçait superbe.

Le 27 juillet, la veille de son vingt-huitième anniversaire, elle recevait un appel de New York et, tout de suite, elle pensa que son père lui faisait une surprise. Depuis quelques années, il y avait eu peu de communications entre eux. L'éloignement était dû à la fois au tourbillon qu'avait dû affronter Jackie dans sa propre existence, et à l'effondrement de la vie de Jack Bouvier. Toujours plus alcoolique, névrosé, en proie à la culpabilité, convaincu que ses deux filles l'abandonnaient parce qu'elles avaient honte de lui, celui-ci s'était réfugié dans une sorte de paranoïa encore plus destructrice que tout le reste, ne s'exprimant plus, ne communiquant plus avec personne. Seule sa dernière compagne était là pour veiller sur lui. Jackie, qui n'avait pas cessé d'adorer son père, quoi qu'il en soit, souffrait de cette distance imposée. Il est vrai qu'elle avait elle-même ses problèmes à gérer et que d'autre part, il est toujours difficile de passer son temps à aller dire son amour à une porte fermée.

Ce soir-là, ce n'était pas Jack Bouvier qui appelait, mais un médecin qui tenait à lui annoncer que son père était malade, très malade. À ce moment, il était au Lenox Hill Hospital de New York pour y passer des examens. Jackie s'organisa pour se rendre à New York la semaine suivante mais, quelques jours plus tard, Jack Bouvier tombait dans le coma et le 3 août 1957 on le retrouva mort au matin.

Une semaine exactement après le coup de téléphone de ce médecin inconnu, Jackie avait perdu son père, son héros pathétique, sans même l'avoir revu. *Black Jack* Bouvier était mort d'un cancer du foie à l'âge de soixante-six ans, sans avoir jamais réellement reconstruit sa vie après son divorce, sans avoir jamais pu retrouver sa dignité. Il se considérait comme un raté et il n'avait sans doute pas tout à fait tort. Même si, à la fin de sa vie, il faisait peine à voir, il pouvait au moins être fier d'une chose : jamais ses filles chéries ne l'avaient vu en pleine déchéance. Elles n'auraient pas en tête de vilaines images indélébiles.

Sa sœur Lee étant à Londres à l'époque, c'est Jackie, enceinte de six mois, qui se chargea des funérailles. Celles-ci eurent lieu à la cathédrale de New York. Seuls quelques rares amis des jours glorieux étaient venus témoigner d'une époque lointaine, où régnait encore dans la vie de Jack Bouvier une apparente insouciance. D'autres personnes étaient là aussi pour témoigner par leur présence de leur estime pour Jackie. John Vernou Bouvier III, aussi misérable qu'ait été sa fin de vie, était tout de même le beau-père du sénateur Kennedy et, dans des temps plus anciens, un de ses ancêtres avait fait don d'un autel à la cathédrale.

Malgré son chagrin et les tensions vécues au moment de la mort de son père puis pour l'organisation des obsèques, Jackie poursuivait une grossesse sans problème. En septembre, elle était à nouveau mise en alerte, par la santé de Jack cette fois. Celui-ci venait de contracter brusquement une forte fièvre, ressentait d'intenses douleurs du dos et souffrait d'une inflammation autour de la zone où il avait été opéré. Décidément, il n'en finirait jamais. En urgence, il fallut l'admettre à l'hôpital à nouveau et le diagnostic qui tomba, au bout de quelques heures d'examens, n'était pas rassurant : il souffrait d'une virulente infection à staphylocoques. Il fallait le traiter sous anesthésie générale.

Après des jours d'inquiétude, un traitement de choc aux antibiotiques, il réussissait à s'en tirer cette fois encore. Un temps de convalescence puis, après quelques semaines, il décidait de maintenir un voyage politique prévu au Canada. Cette fois, Jackie ne serait pas de la partie. Elle resterait sagement dans l'appartement new-yorkais de son beau-père, en y attendant les premières douleurs.

Le 27 novembre 1957, avec quelques semaines d'avance, le bébé se présentait. D'abord emmenée à l'hôpital puis conduite immédiatement au bloc opératoire, Jackie mettait au monde son premier enfant. Jack, rentré du Canada, était bien présent, attentionné et ému au chevet de sa femme. Les yeux brillants de larmes, il annonça que la petite fille porterait le nom de Caroline Bouvier Kennedy, en hommage à sa tante et à son arrière-grand-mère.

Il fut décidé que Caroline serait baptisée le 13 décembre dans la cathédrale Saint-Patrick, où avaient eu lieu les funérailles de Jack Bouvier, son grand-père. Pour l'occasion, l'archevêque Cushing, devenu un ami aussi proche de Jackie que du clan Kennedy, avait tenu à faire le voyage depuis Boston pour baptiser l'enfant.

C'était une agréable surprise : Jackie et Jack semblaient renouer, depuis cette naissance, une intimité qu'on ne leur connaissait plus depuis longtemps. Quelques attentions nouvelles, une certaine tendresse, des partages de rires. Tout cela semblait nouveau et prometteur. Il restait à savoir si ce serait définitif.

Dans les semaines qui suivirent son accouchement, Jackie préleva une partie du modeste héritage reçu après la mort de son père pour offrir une Jaguar blanche à son mari en cadeau de Noël. Il en fut touché mais ne garda pas longtemps la voiture, ses conseillers lui ayant expliqué qu'une Jaguar blanche pouvait être un signe extérieur encombrant pour un jeune homme politique qui briguerait bientôt la présidence des États-Unis.

13

La conquête

Jack s'adressait souvent à Jackie avec une certaine brusquerie. Sans méchanceté mais avec un fond d'irritation, comme s'il craignait de perdre du temps en mots inutiles. Il agissait de même avec ses proches et ses collaborateurs. Parfois, le ton était différent. Il savait se faire séduisant, ralentir son débit pour mieux la convaincre. Quand il était calme, détendu, et s'octroyait un moment de conversation avec sa femme sans être dérangé, ils aimaient échanger sur un ton badin. C'était le Jack Kennedy que Jackie préférait, en mode vitesse normale.

Le jour où il décida de lui annoncer la grande nouvelle, il prit sa respiration, ferma les yeux un moment et dit, clairement mais sans brusquerie : « Je vais être candidat à la présidence. » Il avait parlé haut, un peu trop vite, d'une voix ferme et pleine d'assurance.

L'assurance, c'était pourtant ce qui lui faisait défaut en ce moment précis. Il faut dire que quelques semaines après la naissance de Caroline, l'annonce faisait un peu tache.

On ne peut pas dire que cette décision était une grande surprise pour Jackie. Jack l'évoquait parfois ces derniers temps. Ils en avaient parlé à plusieurs reprises et il savait que Jackie n'était pas emballée par le projet. Trop tôt, trop prenant, trop risqué. Il y avait beaucoup trop de trop dans cette affaire.

Depuis la naissance de leur premier enfant, Jackie disait souvent qu'elle aimerait bien jouir d'une vie de famille à peu près normale, au moins pendant quelques mois. « Nous sommes encore jeunes, nous devrions profiter de nos enfants et nous amuser avant de penser aux choses trop sérieuses. »

Et voilà que Jack annonçait qu'il partait en campagne, la plus longue, la plus dure, la plus impitoyable. Il y avait de quoi être contrariée. Pour Jack, il n'était pas question de reculer. Il avait simplement reporté pendant quelque temps son projet, déjà pour cause de santé. Ses différents problèmes physiques, ajoutés aux atteintes de la maladie d'Addison, la lourdeur des traitements, les douleurs récurrentes, le handicapaient. Et il était tenu de les dissimuler en permanence. Pas question qu'on le voie marcher en public avec des béquilles, encore moins être poussé dans un fauteuil.

Sa force première, aux yeux des Américains, c'était sa jeunesse, sa vigueur, son enthousiasme. À quarante ans, il incarnait, ou en tout cas voulait incarner, l'avenir des États-Unis et le dynamisme de son pays. Si les Américains avaient su ce qu'il en était réellement, il n'aurait pas eu la moindre chance d'être élu, même pas à la présidence de l'association des anciens élèves de son école primaire. Donc il fallait donner le change et créer un autre John Kennedy, invulnérable et triomphant. Loin de la vérité, certes, mais, le plus souvent, ce qui concernait les Kennedy était très éloigné de la vérité.

Il avait un autre problème à résoudre, celui de sa relation avec Jackie. Elle devait être parfaite, et parfaitement visible, s'il voulait atteindre un jour la présidence. Aux États-Unis plus qu'ailleurs, c'est souvent un couple que l'on porte à la Maison-Blanche. Ils étaient jeunes, beaux, et même resplendissants, leur histoire pourrait être attrayante pour les médias. Les combats menés récemment pour avoir enfin leur premier enfant, après des déceptions terribles, n'avaient fait qu'accroître l'empathie du public. Pourtant, les observateurs étaient tous gênés par leur comportement dès qu'ils étaient en public. Soit Jackie ne venait pas, ce qui arrivait trop souvent et ne faisait pas bon effet, soit ils affichaient manque d'enthousiasme et absence de chaleur quand ils étaient réunis.

Ces derniers mois, Jackie avait fait des efforts pour participer un peu plus à la vie sociopolitique de son mari, mais pas au point d'afficher un sourire éclatant ou d'incarner une épouse aimante et sereine quand même.

Ils avaient beau dire l'un et l'autre au cours d'interviews, lorsqu'on leur posait la question, que leur couple était uni, avec une vision commune de l'existence, le message avait du mal à passer.

On ne les voyait jamais esquisser le moindre geste tendre en public. Pas question qu'il lui prenne la main ou l'embrasse sur la joue, pas question qu'elle pose la tête sur son épaule en une seconde d'abandon. Ils étaient comme ça, l'un et l'autre.

Chez les Kennedy, on retenait ses émotions, tout ce qui pourrait passer pour un geste affectueux restait une affaire privée. Jackie, frustrée depuis l'adolescence par des relations difficiles avec sa mère et même avec son père, n'avait pas pris l'habitude de laisser parler son cœur et ses sentiments.

Par moments, ils apparaissaient comme un couple glacé, sans âme.

Il y avait aussi, obstacle sérieux, la vie sexuelle débridée de John Kennedy. Jackie en souffrait, c'était la moindre des choses, mais elle avait fini par s'y résigner, sans l'accepter au fond de son cœur. Il était certain qu'elle ne créerait jamais de scandale autour de cela, mais il n'y avait pas qu'elle et la menace s'épaississait. Jack était si imprudent. Parfois, sur un coup de sang, sur une impulsion, il pouvait *choisir sa cible* à n'importe quel moment de la journée ou de la soirée, disparaître, revenir, reprendre sa vie comme si de rien n'était. Cela paraissait très discret, personne n'en parlait ouvertement, mais tout le monde était au courant. Il était évident qu'un jour, cette bombe à retardement pourrait exploser.

La chance de Kennedy, c'est que dans ces années 1950, peu de choses filtraient. La presse ne vivait pas dans l'ignorance, mais il n'était pas question de s'attaquer à la vie intime d'un jeune sénateur des États-Unis. Les médias savaient, mais se taisaient. Il y avait danger quand même : comme tout homme politique qui vise au plus haut, Kennedy avait des adversaires susceptibles d'être aussi des ennemis. Un jour, lorsqu'il voudrait gagner la primaire démocrate, quelques rivaux pourraient sortir les crocs, les dossiers et les photos compromettantes. Plus tard, s'il était en situation de disputer la Maison-Blanche à un républicain, les secrets pourraient aussi être vite éventés.

Cette menace, Joe Kennedy en avait conscience et veillait autant que possible. Il distribuait, comme à son habitude, quelques gratifications à un certain nombre d'informateurs, et même de journalistes. Joseph voulait tout savoir des activités de son fils pour parer aux mauvais coups. Les secrets de

Jack, aussi noirs soient-ils, devaient rester secrets. Il y avait du travail, mais cela n'effrayait pas Joseph Kennedy. Le plus dur était de vivre dans la hantise. Bien sûr, il demandait régulièrement à Jack de se calmer, d'être plus prudent, si possible. Celui-ci promettait, comme toujours. Il ne voulait pas contrarier son père. Mais rien ne changeait. Ses pulsions l'emportaient sur sa réflexion.

Ces obstacles sérieux auraient pu l'amener à prendre ses distances avec la politique. Jeune, riche, intelligent, il savait que pour cause de santé désastreuse, il ne vivrait pas très longtemps. C'était, plus qu'un pronostic, une certitude. L'idée de retourner vers sa vocation, la littérature, et plus précisément l'écriture, restait vive. Il aurait rêvé d'être un grand écrivain, et surtout d'y consacrer tout son temps. C'était il y a longtemps, avant que les désirs de son père prennent le pas sur ses propres espérances. L'essentiel de ses journées se concentrait sur la lecture des dossiers du Sénat et, le week-end venu, les poignées de main à serrer quand il visitait ses concitoyens, électeurs conquis ou à conquérir. Il n'était pas certain de croire fermement à ce destin auquel il semblait ne pas pouvoir échapper, mais il avait bien conscience d'être le *number one* choisi par son père depuis la mort de Joe à la guerre. Plus question de raisonner en numéro deux, il était le champion des Kennedy et des ambitions de la famille.

Lorsqu'il annoncerait officiellement sa candidature à la primaire, l'une des premières questions qui lui serait posée serait celle-ci : « Jack, pourquoi voulez-vous devenir président ? » La réponse serait surprenante, mais symbolique de son trouble : « Je crois que je n'ai pas d'autre solution. »

À partir du printemps 1958, il entrait déjà en campagne. En un peu plus d'un an, il allait recevoir chaque semaine des centaines de demandes d'interventions tant les Américains étaient intéressés par ce jeune homme politique qui tranchait avec les habitudes. Les invitations arrivaient par milliers. On voulait le voir partout. Il passait presque tous ses week-ends en campagne, rencontrant des électeurs, traversait le pays d'un bout à l'autre, seul ou avec son conseiller et ami Ted Sorensen.

C'était un véritable entraînement aux exigences de la campagne pour la présidentielle auquel il avait décidé de participer, à condition de gagner les primaires, au début de l'année 1960. Un an pour mettre toutes les chances de son côté, ce n'était pas énormément de temps.

Il avait toujours aimé le sport, l'esprit de compétition et là, il avait le sentiment d'y être plongé. Chaque voyage, chaque effort consenti, chaque période d'épuisement, était un enseignement, déjà sur les limites de sa résistance. Il était conscient de sa fragilité physique, des risques liés à sa maladie. S'il ne devait pas tenir le coup autant le savoir le plus vite possible. Il lui fallait aller à la limite, et même au-delà de la limite du raisonnable, pour en apprendre plus sur lui.

« Je sais que je ne peux jamais compter que sur 80 ou 85 % de mes capacités, mais tant que j'en suis conscient, tout va bien », confiait-il à son ami Red Fay.

Il ne négligeait rien, passa même une journée entière dans le studio de Howell Conant, un photographe célèbre pour ses portraits de vedettes de cinéma, afin d'examiner et de trier tous les clichés qu'il avait pris de lui, le jour précédent, et de choisir personnellement les angles de vue qui l'avantageaient.

Dans tous les domaines il ne laissait rien au hasard. Énorme travailleur, il absorbait des tonnes d'informations, de rapports officiels, d'études d'experts, de projets de lois, de livres et de journaux. Il avait la faculté de lire et d'intégrer un document ou un rapport, trois fois plus vite qu'un de ses collaborateurs.

Quand il avait la sensation de prendre du retard sur le programme draconien mis sur pied, ça le rendait nerveux, désagréable. « Dès que j'ai l'impression de perdre du temps, ne serait-ce qu'une minute, ça me rend fou », expliquait-il à Jackie. Il s'était même inscrit à un cours de lecture rapide, à Baltimore, en compagnie de son frère, Bobby. Histoire d'aller toujours plus vite.

Déjà, il avait réuni une sorte de *brain trust*, réunissant des conseillers personnels, généralement des anciens de Harvard, dont on entendrait parler quelques années plus tard, certains devenant même célèbres : Henry Kissinger, pour les affaires stratégiques, John Galbraith, pour l'économie, et Arthur Schlesinger pour l'histoire. La qualité des conseillers dont il s'entourait témoignait de son intelligence et de son intuition, qui ne le trahissaient jamais. Il avait choisi les meilleurs, ceux qui allaient l'aider à développer ses idées et à renforcer la connaissance des dossiers les plus importants.

En l'espace d'un an, il se rendit dans une bonne vingtaine d'États, tout en précisant qu'il n'était pas du tout en train de faire campagne. Loin de lui cette idée ! Dans l'État du Wisconsin, déterminant, l'année suivante, lorsqu'il s'agirait d'élire le candidat aux primaires, il fit un triomphe. Son discours, à Milwaukee, à Madison et dans quatre autres villes, attira des foules immenses. Les jeunes, notamment, étaient plus que séduits, parfois même ébahis, par les mots qu'il prononçait, aussi par son allure et sa conviction.

« À l'université de Beloit, les étudiants étaient suspendus à ses lèvres. Ils l'ont suivi quand il est sorti, comme s'il était le joueur de flûte de Hamelin, et ont attendu qu'il soit parti, les yeux rivés sur lui », écrivait un journaliste dans un article du magazine *Life*.

Les femmes étaient aussi sous le charme. Où qu'il aille, il séduisait. Et on ne peut pas dire que ça le perturbait. D'ailleurs, cela se terminait le plus souvent le soir, dans sa chambre d'hôtel. En toute discrétion, priait son entourage.

Jackie n'était pas dupe, mais elle jouait le jeu. Quand un journaliste lui demanda un jour si elle ne voyait pas d'inconvénient à toutes ces jeunes femmes s'extasiant devant son mari comme des groupies, elle baissa d'abord la tête, examina ses ongles rongés puis fixa son interlocuteur et, avec un petit sourire désabusé :

« Non, pas du tout ! Les femmes sont très idéalistes et c'est normal qu'elles réagissent ainsi devant un homme aussi idéaliste que mon mari. »

Kennedy avait réponse à tout, y compris lorsqu'on évoquait l'inévitable hostilité que pourrait soulever à son encontre sa religion catholique dans un pays à majorité protestante. Il n'y avait jamais eu avant lui un président des États-Unis catholique. Même Jackie s'amusait du reproche : « Jack n'est pas très pratiquant. S'il s'agissait de Bobby, alors oui, ça pourrait poser un problème, car il met sa foi au-dessus de tout. Mais Jack... »

Il veillait à tout, y compris à la biographie qu'un professeur d'histoire avait été chargé d'écrire sur lui dans le cadre de cette campagne qui ne portait pas encore son nom. Certes, il avait coopéré étroitement et apporté beaucoup de réponses à son interlocuteur, mais il n'était pas content du résultat.

Surtout à cause du portrait désagréable qui était fait de son père. Toutes les corrections demandées seraient apportées.

Kennedy n'aimait pas non plus qu'on raconte qu'il était tout le temps malade lorsqu'il était enfant (ce qui est tout à fait vrai) ou qu'il ne pratiquait pas réellement la religion catholique (même Jackie aurait pu en témoigner). Sans gêne, il affirmait que tout cela était un tissu de contrevérités. Il n'était lui-même jamais à un mensonge près.

Serait-il candidat aux primaires ? Serait-il choisi ? Avait-il une réelle chance d'aller au bout ? Plus l'événement se rapprochait, plus le doute envahissait jusqu'à son père, celui qui avait voulu tout cela. Joe qui avait attendu des années et dépensé des fortunes pour amener son fils jusqu'à cette candidature tremblait désormais à l'idée d'un échec. Il avait quelques raisons pour cela. Déjà, l'économie était florissante, il n'y avait aucun risque de guerre, le pays était stable et en bonne santé après huit ans d'administration Eisenhower. Autant de raisons pour craindre que les Américains choisissent de reconduire un républicain à la Maison-Blanche, certainement le vice-président Nixon, candidat naturel du parti. Quelles chances aurait Jack, encore si jeune et inexpérimenté aux yeux de beaucoup ?

« Je détesterais les voir, lui et Bobby, se tuer à la tâche pour ne rien obtenir », confessait Joe Kennedy.

John était plus optimiste, en tout cas moins pessimiste. Quand Ben Bradley, son ami journaliste, l'interrogeait : « Tu penses vraiment que tu peux y arriver ? », Jack réfléchissait quelques secondes avant de répondre : « Oui, si je ne fais aucune erreur. »

Le 2 janvier 1960, il faisait son entrée dans la salle de son parti au Sénat, trois cents supporters et des dizaines de journalistes et de photographes l'y attendaient. Jackie était à ses côtés, l'air sombre. Comme pétrifiée par le moment.

Les mains légèrement tremblantes, Jack lisait alors la brève déclaration qu'il avait préparée : « J'annonce aujourd'hui ma candidature à la présidence des États-Unis. »

14

L'un et l'autre

John avait prévenu : « Si je décide d'être candidat à la présidence en 1960, au moins j'aurai vu du pays et rencontré beaucoup de gens un peu partout. » Il avait tenu parole puisque, pendant la première moitié de l'année 1958, il accepta 96 des 2 568 invitations à s'exprimer en public qui lui avaient été faites, prononça plus de 210 discours et se démultiplia pour visiter les deux Dakota, l'Oregon, la Virginie de l'Ouest, le Wyoming, le Montana, l'État de New York, le Wisconsin, le Connecticut, le New Jersey, la Californie, le Michigan, l'Arkansas et bien sûr le Massachussetts. Sans omettre de se rendre régulièrement au Sénat pour y effectuer ses tâches habituelles, et assister aux séances le plus souvent possible. Il ne s'échappait de Washington que le temps nécessaire.

Si l'on ajoute à cet emploi du temps imposant les heures consacrées à sa vie dissolue, il ne lui restait plus beaucoup d'occasions de s'occuper de sa famille et surtout de son épouse. Jackie en souffrait sans vouloir le montrer. Elle avait été éduquée ainsi : jamais une plainte en public. Ce qu'elle disait à son mari en privé restait confidentiel, et même le personnel de maison était prié de garder la plus grande discrétion sur ce qu'il se passait dans le foyer. « On ne voyait pas souvent le sénateur », devait témoigner plus tard la nurse britannique de Caroline.

Curieusement, cet emploi du temps effréné, s'il semblait creuser un fossé entre les deux époux, allait peu à peu les rapprocher. Ils allaient devenir, Jack et Jackie, et mieux encore, l'un et l'autre, indissociables.

Déjà vis-à-vis du public, et notamment des photographes des magazines nationaux, il fallait jouer le jeu. C'était acté, le candidat Kennedy ne gagnerait qu'avec l'appui de sa femme. Ils étaient jeunes et beaux, et ils avaient donc une carte à jouer. Les médias, contrairement à la tradition dans ces années 1950, furent invités à faire des reportages sur l'heureuse famille Kennedy chez elle à Georgetown, et Jackie acceptait sans se faire prier d'apparaître lors de quelques interviews télévisées. Elle reconnaissait que ces interviews la mettaient mal à l'aise. En vérité, elle n'avait pas envie de parler d'elle ni de sa vie, et encore moins de donner une image fausse. Mais elle n'avait pas le choix. Tout ce qui était chroniques mondaines, potins, l'indifférait, au mieux, et même l'agaçait. Elle ne comprenait pas qu'on puisse s'intéresser à des choses qui n'avaient aucun intérêt. Elle comprenait en revanche que lorsqu'on est une personnalité publique, mariée à un homme exerçant une responsabilité sénatoriale, on ne s'appartient plus tout à fait. Les contribuables ont le droit de savoir qui vous êtes, ce que vous pensez, et comment vous vivez.

Peu à peu elle décidait de pousser plus loin son engagement, accompagnant John dans des déplacements. Tout ce qui pouvait être accompli en souriant et en serrant des

1947. Jackie, dix-huit ans, pose avec Jack Bouvier, ce père qu'elle adorait mais dont elle a été trop souvent séparée.

Pour John, Bobby et Ted, les frères Kennedy, le début des années 1950 était le temps des espérances.

1953. L'absence forcée de son père a gâché la joie de Jackie au moment de dire oui à John.

1954. Un jeune couple pressé de trouver une nouvelle maison afin d'accueillir son premier enfant.

Jack et Jackie aimaient profiter de rares moments d'intimité, lisant ou travaillant dans leur salon.

En 1957, après plusieurs déceptions cruelles, Caroline était enfin là, premier enfant de John et Jackie.

John et son père, déjà touché par la maladie. Malgré des débuts difficiles, il savait ce qu'il lui devait.

La famille Kennedy au complet. Le Président, entre Bobby et son père. En rouge, Rose Kennedy et Jackie, près de Ted.

1962. Le scandale. Marilyn Monroe, drapée dans une robe indécente, chante son amour au Président.

22 novembre 1963. L'assassinat.

Dans l'avion qui ramène le corps de John Kennedy, Lyndon Johnson prête serment. À côté de Jackie, dans son tailleur ensanglanté qu'elle a refusé d'ôter.

Les obsèques
du Président.
Jackie et ses deux
enfants descendent
les marches
de la Maison-Blanche.

John Junior salue
le cercueil de son père
sous les yeux de Jackie,
entourée de ses deux
beaux-frères.

Le cortège s'ébranle.
En tête, Jackie entourée
de Bobby et Ted.

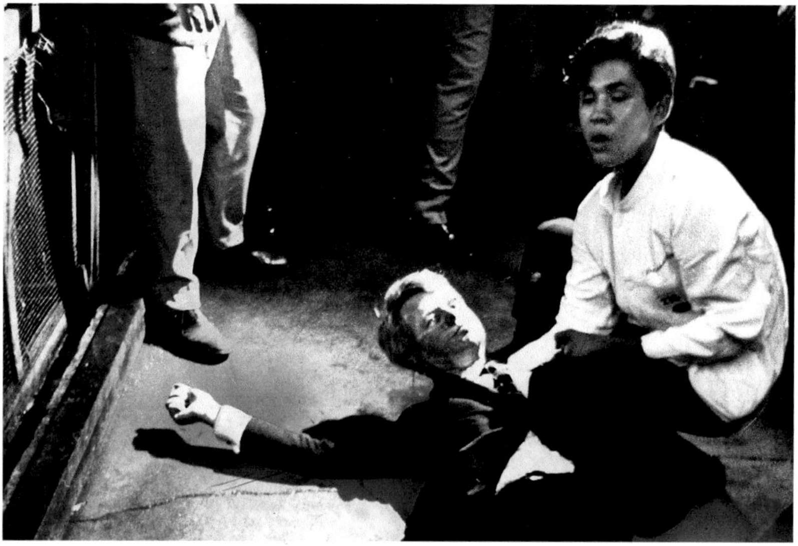

Los Angeles, juin 1967. Bobby Kennedy, vainqueur de la primaire démocrate, première marche vers la Maison-Blanche, est assassiné dans les heures qui ont suivi.

©

Quelques mois plus tard,
Jackie épouse Onassis
et fuit les États-Unis d'Amérique
avec ses enfants.

John et Jackie, Caroline et John-John. L'illusion d'un bonheur qui va bientôt se fracasser. Reste cette photo, merveilleuse et ineffaçable.

mains, elle était désormais prête à le faire, même si ça ne lui plaisait pas plus qu'avant.

Il est intéressant de comprendre que John et Jackie étaient exactement semblables sur ce point. Pour jouer le jeu de la sympathie avec le public, pour montrer au grand jour des sentiments l'un envers l'autre qu'ils n'éprouvaient pas toujours, il leur fallait faire un effort démesuré. L'un et l'autre avaient été éduqués en dehors du foyer, dans des pensions, et ils avaient reçu finalement très peu d'amour de leurs parents.

Pour résumer, John et Jackie n'avaient jamais appris à dire « je t'aime », ils n'avaient jamais reçu de « je t'aime » et, pour ce qui les concernait, le temps n'était pas encore arrivé où ils pourraient penser à leur mariage comme à une union à travers laquelle il est possible d'exprimer ce que l'on ressent.

L'un et l'autre avaient dans la tête qu'il s'agissait d'un mariage de raison, une sorte de contrat moral qui leur avait été au moins suggéré, si ce n'est dicté par les événements, et que s'ils pouvaient y trouver un peu de plaisir et d'agrément de temps en temps, cela ne pouvait pas leur laisser espérer atteindre un jour le bonheur.

Les dispersions de Jack n'arrangeaient rien, la morosité ambiante provoquée par l'attitude de Jackie n'arrangeait rien non plus. Mais ils apprenaient à se connaître, et même ils commençaient à un peu mieux se comprendre. Jackie admirait Jack, sa capacité de travail, son intelligence toujours en mouvement, sa faculté à prendre des décisions capitales en quelques minutes, son art de la dialectique qui lui permettait de convaincre à peu près n'importe qui sur n'importe quel point.

Jack apprenait peu à peu à respecter Jackie, sa personne et sa personnalité. Certes, elle ne parlait pas énormément, elle ne souriait presque jamais, et elle semblait très souvent étrangère au monde qui l'entourait. Mais il était en train de découvrir qu'elle exerçait son intelligence, à tout moment, dans le but de rendre service à son mari, de lui montrer des choses qu'il n'avait pas vues, et que parfois il ne pouvait pas voir.

Cela devint flagrant en 1958 et 1959, lorsqu'il sillonnait le territoire pour remporter une première victoire : la désignation par le parti démocrate à l'issue des primaires.

Il commençait à apprécier aussi qu'elle l'accompagne de plus en plus dans ses voyages électoraux, mais aussi dans des réunions ou des dîners, qu'elle avait plus ou moins boudés en d'autres temps. Elle était devenue sa partenaire, et ensemble, sans même se consulter, ils avaient choisi de vivre comme un couple, d'abord aux yeux des autres, et ensuite à leurs propres yeux. Ils n'étaient plus si éloignés l'un de l'autre lorsqu'ils apparaissaient, ils donnaient même l'impression d'être capables bientôt de faire des gestes qui les rapprocheraient un peu plus. Après tout, c'était tout ce que le public attendait.

Tous les conseillers qui assistaient John Kennedy dans sa conquête du pouvoir remarquaient de plus en plus souvent l'importance croissante que prenait Jackie. « Lorsqu'elle voyageait avec nous, racontait l'un d'entre eux, la foule à chaque étape était deux fois plus importante que si Jack avait été seul. »

Il n'avait pas été nécessaire de lui demander de jouer un quelconque rôle, elle savait simplement et instinctivement que pour servir la cause de son mari auprès des gens ordinaires, elle devait avoir une attitude chaleureuse, prévenante. Et surtout n'écraser personne d'un quelconque luxe vestimentaire.

Tout en conservant sa sophistication naturellement élégante, elle prenait soin d'arborer des tenues sobres avec peu de bijoux et de maquillage. Selon les conseillers de son mari, Jackie était aussi toujours gaie et serviable, ne se plaignait jamais, loin de l'image désagréable de l'épouse du candidat en campagne qui rechigne sur tout.

Elle faisait tout cela pour son mari et le faisait merveilleusement. Ce qu'elle ignorait et qu'elle découvrirait un peu plus tard, c'est qu'en agissant ainsi, en travaillant intelligemment à la cause de Jack, elle consolidait sa propre valeur aux yeux de celui-ci. Chaque jour qui passait, il découvrait sa femme. Et le public découvrait Jackie, lui aussi. Tout était pour le mieux.

Sans concertation sur ce point, ils apprenaient peu à peu à changer leur manière de se vêtir. Jackie ne voulait plus se contenter de l'image de jeune femme calme et posée qu'elle offrait la plupart du temps aux photographes. C'était un bon point, mais il fallait aller plus loin. Entre autres, dissimuler qu'elle se rongeait les ongles et que c'était une fumeuse invétérée. D'ailleurs, une amie ou une collaboratrice se tenait toujours prête à la délester de sa cigarette dès que des photographes se trouvaient dans les parages. Il aurait sans doute été plus simple de cesser de se ronger les ongles et d'arrêter de fumer.

Officiellement plus présente auprès de Jack, elle attachait de plus en plus d'importance à son apparence. Sans doute avait-elle toujours été coquette mais là, c'était différent. Il fallait que cette apparence soit un atout pour Jack, pour elle, et pour le couple qu'ils représentaient. Sans rien dire à son mari, elle décidait de rompre avec l'image de la jeune fille sportive qu'il appréciait tant, sans doute parce qu'elle lui renvoyait une image de lui-même qui lui était chère, celle du jeune homme en bonne santé et détendu. Pour Jackie, cela était du passé. L'avenir, c'était un couple plein de promesses qui voulait accéder à la fonction suprême. Alors elle commença à dépenser des sommes folles pour sa garde-robe, même si elle utilisait celle-ci mesurément lors de voyages au cœur de l'Amérique profonde. Pas question de choquer les ménagères américaines du Midwest ou d'ailleurs. Il fallait toujours trouver quelque chose qui les surprenne, rien qui les écrase.

Dans deux des films les plus célèbres des années 1950, *Vacances romaines* de William Wyler, et *Sabrina*, de Billy Wilder, Audrey Hepburn avait fait découvrir à l'Amérique le style simple et dépouillé de Balenciaga, de Givenchy et de Coco Chanel. Ce fut un coup de foudre qui perdure soixante-dix ans plus tard. L'image d'Audrey Hepburn, son look unique, reste suffisamment moderne pour faire le bonheur de certaines jeunes femmes d'aujourd'hui. Conquise elle aussi, Jackie avait décidé d'adopter l'allure d'Audrey Hepburn, d'abord pour son élégance mais aussi parce qu'elle avait remarqué, ayant elle-même des jambes encore plus longues et une poitrine plus menue que l'actrice, que cette mode allait lui convenir à merveille. Et peut-être même faire croire qu'elle avait été créée pour elle.

Désormais quadragénaire, Jack devait aussi revoir ses choix vestimentaires. Il avait besoin d'apporter une touche de gravité et donner un peu de poids à ses ambitions. Le mari de sa sœur Patricia, l'acteur Peter Lawford, avait commencé par lui apprendre à nouer correctement ses cravates en lui suggérant de cesser désormais de mettre des chemises polo : « Ça fait trop jeune. »

En quelques mois, son style avait changé. On le voyait de plus en plus arborer des costumes de prix, des chemises sur mesure brodées à ses initiales et de magnifiques cravates. Il devenait grand amateur de chaussures foncées, se les faisait faire sur mesure par dizaines chez Church's, avec évidemment une petite talonnette dans la chaussure gauche pour compenser sa légère claudication.

Ensemble, ils commencèrent à se mêler aux milieux intellectuels new-yorkais, et c'est grâce à Jackie que John put faire connaissance d'écrivains talentueux comme Budd Schulberg, le merveilleux auteur du *Désenchanté*[1] et de *Sur les quais*[2]. Gore Vidal, Tennessee Williams devenaient peu à peu des intimes.

Tout en se rapprochant de cercles qui allaient lui servir plus tard, ces deux êtres si différents par certains points et qui avaient pu paraître si éloignés se rapprochaient ostensiblement l'un de l'autre.

La convention démocrate, du 11 au 15 juillet à Los Angeles, devait décider qui serait le prochain candidat du parti à l'élection présidentielle, fin novembre 1960. Cerné par Humbert Humphrey et Lyndon Johnson, Kennedy était prêt, pour espérer la victoire, à offrir la vice-présidence à Johnson, qui n'était pas son meilleur ami. Quatre ans plus tôt, lorsqu'il était candidat à la vice-présidence, Johnson, déjà dans le camp d'en face, avait évoqué ses problèmes de santé comme un handicap sérieux. Le camp Kennedy avait gardé rancune. Plus rationnels, les conseillers de Jack insistaient pour qu'il oublie cette vieille affaire. S'il voulait gagner, il

---

1. Éditions Robert Laffont, 1951 (publié aux États-Unis en 1950).
2. Éditions Robert Laffont, 1956 (publié aux États-Unis en 1955).

devait s'allier à Johnson, fort de nombreux soutiens, notamment au Texas.

C'était une bonne idée, même si elle en avait surpris beaucoup. Vainqueur sans contestation, le ticket Kennedy-Johnson – qui y aurait cru une semaine plus tôt ? – se lançait dans la course à la Maison-Blanche.

15

Une nouvelle solitude

L'année 1960 serait celle de tous les bonheurs ou peut-être celle de tous les dangers. Dès les premiers jours de février, Jackie apprenait qu'elle était enceinte. C'était une bonne nouvelle, même si elle gardait en mémoire les déceptions qui avaient marqué de précédentes grossesses. Depuis, Caroline était née, elle se portait bien, mais sa mère ne pouvait s'empêcher de ressasser les jours d'angoisse vécus en d'autres occasions. Il restait à espérer que l'enfant qui s'annonçait pour la fin de l'année arriverait en aussi parfaite santé que sa grande sœur.

Et si c'était un garçon ? Jack serait comblé. Des enfants, il en voulait beaucoup comme c'était la tradition chez les Kennedy. Sur ce point, ils n'étaient pas tout à fait d'accord : chez les Bouvier il n'y avait que deux filles, et d'ailleurs Jackie ne se voyait pas entamer un parcours de poule pondeuse. Quoi qu'il arrive, elle avait décrété que deux enfants, voire trois, c'était très bien. Pas question de rivaliser avec sa belle-sœur, Ethel, la femme de Robert, laquelle atteindrait le chiffre faramineux de onze enfants. La deuxième raison d'espérer, c'était bien sûr la nomination de Jack comme candidat démocrate à la présidence des États-Unis, les élections se déroulant au mois de novembre.

La campagne pour la présidentielle commença dès la fin du mois d'août et le 2 septembre dans le Maine, il faisait un magnifique discours. Comme dans son intervention pour célébrer sa victoire aux primaires, il évoquait : « Nous sommes aujourd'hui au seuil d'une nouvelle frontière, celle des années 1960... Un long voyage commence aujourd'hui Donnez-moi votre aide. »

Au fur et à mesure des semaines qui passaient, il progressait dans sa manière de s'adresser à la foule. La maturité s'installait dans tout son être. Il savait à l'occasion faire preuve d'humour. Ainsi, en Californie, au cours d'une conférence de presse, et alors que personne ne lui avait posé la question, il lâcha : « Ma femme va avoir un garçon en novembre. » Les journalistes furent étonnés et l'un d'entre eux lui demanda :

« Comment savez-vous que ce sera un garçon ?

— Ma femme me l'a dit. »

Souvent il plaisantait pour éviter que l'attention de ses interlocuteurs se recentre sur un point qui était un peu plus délicat pour lui, celui de la religion. C'était une question qui hantait son père, lequel craignait qu'elle puisse lui faire perdre l'élection. Pendant un certain temps, les journalistes l'avaient plutôt laissé tranquille sur ce point, mais plus la campagne avançait et plus l'étau se resserrait. C'était évidemment un argument que n'hésiterait pas à utiliser son adversaire, Richard Nixon.

« Un catholique est obligé d'obéir au pape, et un catholique qui ne lui obéit pas est un hypocrite », affirmait le protestant le plus célèbre du pays, Norman Vincent Peale. Une manière assez agressive de lancer le débat. Jack était loin de ces contingences et il se serait bien contenté de ne pas répondre, mais sa notoriété et surtout sa position de candidat à la présidence l'obligeaient à s'exprimer publiquement à ce sujet. Surtout, comment comptait-il faire pour concilier à la fois les principes liés à sa foi et les exigences liées à la fonction ? Il ne pouvait plus se contenter des petites phrases de Jackie susurrant que le pratiquant fervent, c'était Bobby, son frère, qui d'ailleurs portait une croix, contrairement à Jack. Il fallait trouver d'autres arguments, plus percutants.

À la mi-septembre, trois cents pasteurs protestants qui devaient se réunir à Houston invitèrent Kennedy à venir répondre à leurs questions.

« Je suis en train de me rendre compte que la course présidentielle va se jouer non pas entre démocrates et républicains, mais entre un catholique et un protestant, et cela ne va pas être facile », confia Jack à un vieil ami de son père. Il essayait de prendre la chose avec un sourire, mais cela commençait à l'irriter.

Son entourage lui conseillait de ne pas se rendre à Houston et son intuition ne l'y invitait pas non plus, mais il estimait aussi qu'il ne pouvait pas refuser, car il aurait donné l'impression d'avoir peur. Ce qui n'était pas une bonne chose. En plus, la question religieuse ne cesserait de se poser encore, jusqu'à devenir le sujet principal de la campagne.

Cette question de la religion et de l'implication religieuse de Kennedy, si perturbante pour beaucoup, ne tenait pas compte du fait que l'Église catholique elle-même était divisée sur cette candidature. La plupart des prêtres étaient heureux de voir un catholique candidat mais les prélats étaient plus inquiets, craignant que cette campagne ne donnât lieu à des déchaînements d'hostilités sectaires. Enfin, Kennedy était jugé bien trop libéral par le Vatican et, ce n'était pas un mystère, la plupart des cardinaux et des évêques voteraient pour Nixon.

Pour ce qui concerne l'engagement religieux de Kennedy, là aussi il était très sujet à caution. Avec le même détachement dont il faisait preuve dans les autres domaines de sa vie, il voltigeait sur une tradition enracinée dans sa famille sans que plus personne n'en donne précisément la raison. Et la seule époque de sa vie où il s'était vraiment interrogé sur la nature de sa foi, c'était pendant la guerre. Depuis il se contentait d'observer les rituels catholiques sans se poser de questions. Enfin, en dehors de cette attitude légère, voire cynique, en tout cas détachée de toutes les choses graves de la vie, il se comportait, face à sa religion, comme dans la vie : enclin à jouir des plaisirs du péché tout en gardant l'assurance d'être sauvé.

Il participa donc à la réunion et, seule exigence, proposa, avant de répondre aux questions, de faire un bref exposé de ce à quoi il croyait fermement. Ce genre d'exposé, il en possédait l'art et à plusieurs reprises cela lui avait bien servi. En moins de dix minutes, il réussit ensuite à répondre aux questions les plus difficiles.

Il affirma qu'il serait surpris et même choqué que l'Église fasse pression sur lui et cherche à l'influencer sur des points qui seraient en contradiction avec les exigences de sa fonction. Et si ses intérêts et ceux de l'Église entraient en contradiction avec sa fonction ? À aucun moment il n'envisagerait de démissionner s'il y avait conflit. En revanche, il négocierait avec le représentant religieux pour défendre au mieux son point de vue de chef d'État.

Il avait été très fraîchement accueilli, mais en quelques minutes avait retourné la situation. La question de la religion se poserait de moins en moins dans les mois qui viendraient, jusqu'à disparaître totalement des débats.

Arriva le moment tant attendu du débat télévisé avec son adversaire Richard Nixon. C'était la première fois qu'un débat pour une élection présidentielle serait télévisé, et tout le monde en connaissait les enjeux. Nixon, grand maître de la communication, pensait avoir un davantage décisif de par son expérience, et sa maîtrise des dossiers, sur le jeune Kennedy.

Les deux hommes ne se détestaient pas, ils avaient même été assez copains lorsqu'ils avaient siégé ensemble au Sénat. Mais le temps n'était plus à se souvenir des bons moments, désormais il allait falloir s'entretuer. Sans verser de sang, si possible.

Après des semaines de campagne épuisantes, Kennedy était au bout du rouleau. Il se levait tous les jours à 6 heures et certains soirs travaillait encore à 23 heures. Un de ses conseillers, Charles Spalding, lui conseilla de mettre sa fatigue entre les mains d'un médecin miracle, le Dr Max Jacobson. Celui-ci avait un grand cabinet sur la très chic Park Avenue à New York, et avait la réputation de faire des piqûres, soi-disant de produits naturels, qui donnaient des résultats exceptionnels. Kennedy n'hésita pas un instant. Il se savait fragile dans son corps et avait peur de perdre ses chances à cause d'un fléchissement au dernier moment. Il s'était donné tant de mal pour en arriver là. Il fit donc venir, à Chicago, ce docteur miracle qui lui injecta un puissant mélange d'amphétamines, de stéroïdes et de vitamines.

Au bout de quelques minutes, Kennedy débordait d'énergie et d'enthousiasme. Le mélange avait agi sur lui comme une potion magique. Une heure avant d'entrer en scène avec son adversaire, il était dans sa loge, tournant en rond comme un lion en cage. Le mélange du Dr Jacobson lui avait donné énormément de tonus, trop peut-être. C'est alors que quelqu'un frappa à sa porte : c'était Langdon Marvin, son attaché parlementaire, accompagné d'une ravissante jeune femme qu'il présenta à son patron avant de s'éclipser.

Quand Kennedy se retrouva devant Nixon cinquante minutes plus tard, il était au mieux de sa forme et très détendu. Il dominerait Nixon dans ce débat, et apparaîtrait pour la première fois comme le favori de la prochaine élection, quelques jours plus tard. Soudain transformé en jeune homme dynamique grâce au traitement miraculeux du Dr Jacobson, il semblait en tout point supérieur à son adversaire. Grippé ce jour-là, les traits tirés, ayant omis de se raser avant d'entrer en scène, Nixon semblait usé, terne et même négligé, quand on pense à son visage sur lequel pointait déjà un début de barbe sombre. Pour couronner le tout, il était vêtu d'un costume très clair – une erreur tragique sur un plateau de télévision – tandis que Kennedy avait choisi plus sobrement un costume bleu foncé. Le tour était joué. C'était le triomphe de l'apparence, avec une fourberie en plus : une grosse tricherie avait fait apparaître Kennedy, quarante-trois ans, à la santé défaillante, comme un jeune homme en pleine forme.

Le jour des élections, le 8 novembre, il se dirigea sereinement en compagnie de Jackie vers la bibliothèque West End Branch, à Boston, pour voter. Il savait qu'*in extremis* il avait renversé la situation. Sauf catastrophe au dernier moment, il serait élu dans quelques heures.

Jackie dont la grossesse était très avancée avait déjà voté par correspondance, mais elle tenait à se montrer à ses côtés. Pas question, en un tel jour, de ne pas accompagner son mari.

Ils dînèrent ensuite avec des amis puis allèrent suivre les émissions sur les élections, chez Bobby. À minuit les résultats étaient connus pour la plupart, mais l'issue restait incertaine.

Jackie alla se coucher. À 3 heures du matin, Richard Nixon fit une déclaration ambiguë, reconnaissant que si la tendance ne s'inversait pas Kennedy allait sûrement gagner, mais rien ne disait que la tendance n'allait pas s'inverser. Du Nixon dans le texte.

Épuisé, Jack décida d'aller se coucher. Il avait compris que rien ne serait joué avant le lendemain matin, autant en profiter pour récupérer un peu de sommeil. En entrant dans la chambre il réveilla Jackie pour lui dire que le résultat n'était toujours pas connu, puis il mangea un sandwich, lut quelques minutes et s'endormit dans l'un des lits jumeaux.

À 8 heures et demie du matin, quelqu'un frappa doucement à la porte de la chambre. C'était la gouvernante anglaise de Caroline qui ouvrait la porte afin que la petite fille se précipite vers le lit de son père. Caroline sauta sur le lit, tira la couverture que Jack avait rabattue sur sa tête. Il grogna, mais la prit dans ses bras pour l'embrasser.

« Bonjour, monsieur le Président.

— Quoi ? C'est vrai ? » demanda Jack soudain bien réveillé.

Entre le regard malicieux de sa fille, son sourire béat et la rigidité muette de la gouvernante, il hésitait sans savoir à qui se fier.

« Suis-je élu, mademoiselle Shaw ?

— Bien sûr, monsieur le Président. »

Il se tourna vers le lit de Jackie pour lui annoncer la nouvelle mais déjà Caroline bousculait sa mère en criant : « Papa a gagné ! » C'était un moment troublant de bonheur intime. Tout ce que Jack retiendrait de ces minutes, c'étaient les larmes pour une fois libérées de sa femme. Une délivrance.

Ce 9 novembre 1960, Jacqueline Bouvier Kennedy prenait conscience qu'elle était désormais Première dame des États-Unis. À trente et un ans, elle devenait la plus jeune First Lady de l'histoire américaine, la femme la plus célèbre d'Amérique et sans doute du monde.

« Oh ! mon lapin, ça y est ! Tu es président ! » Elle se jeta dans les bras de Jack pour l'embrasser. Ce fut un moment d'abandon comme jamais. La gouvernante, qui assista à toute la scène, en fut elle-même très émue.

Ensuite, Jackie reprit ses bonnes vieilles habitudes : elle recommença à se tordre les mains et à se ronger les ongles tout en faisant défiler dans sa tête ce qui l'attendait désormais.

Une heure plus tard, Jack arrivait à Hyannis Port, devant le siège de la garde nationale. Il semblait épuisé, ne possédait plus qu'un filet de voix, et ses yeux brûlaient de fatigue. L'émotion le submergeait au point qu'il devait se retenir pour ne pas pleurer. C'était décidément jour de laisser-aller chez les Kennedy.

Il était le nouveau président des États-Unis, mais ce n'était pas un triomphe électoral. Sa victoire avait été la plus serrée du XXe siècle. Il avait gagné grâce aux voix de quelques électeurs : 118 000 voix sur 68,5 millions d'électeurs. Dans tous les États où il avait remporté le vote, la marge était extrêmement faible.

Jackie, vêtue d'un manteau violet, se tenait à ses côtés, mais à peine étaient-ils arrivés qu'elle semblait pressée de repartir. Elle était enceinte de huit mois et aucune de ses grossesses ne s'était achevée en toute sérénité. Cette émotion énorme qui venait s'ajouter en ce jour, c'était peut-être trop. Après avoir répondu à quelques questions, Jack esquissa un sourire et dit :

« Maintenant mon épouse et moi-même, nous préparons un nouveau mandat et un nouveau bébé. »

Il continuait de trembler d'émotion, semblant ne pas croire à quel point son destin venait de basculer. Il n'y avait pas beaucoup de joie dans ce moment. Une solennité devant l'instant. Une appréhension face au poids des responsabilités nouvelles et effrayantes.

Jackie semblait pétrifiée, elle aussi. S'il lui était arrivé de faire semblant pendant les mois qui avaient précédé, là elle ne voulait pas tricher. Visage fermé, regard fixe, assez à distance de celui qui, plus que son mari, était devenu *le Président*, elle semblait mesurer tout le poids de ce que cette élection comportait. Leur destin avait basculé, c'était une évidence. Surtout, il ne leur appartenait plus. Plus égoïstement, elle savait que sa vie de femme ne lui appartiendrait plus.

Glacés l'un et l'autre dans leur nouvelle solitude, ils mesuraient la portée de ce qu'ils venaient d'accomplir ensemble, des risques désormais encourus pour eux-mêmes, pour leur famille si fragile. Et ils ne savaient pas encore tout.

16

Les désenchantés

Y avaient-ils seulement songé depuis leur mariage ? Sept ans déjà, et ils ne s'étaient jamais lancés à la poursuite du bonheur. Jack pensait à autre chose, bien obligé, et il venait de l'obtenir. Jackie, si elle y avait songé un jour, n'y rêvait plus. Et ce n'était certainement pas à la Maison-Blanche que l'envie la démangerait.

Le piège s'était refermé, et elle savait que leur vie ne serait plus jamais la même. Pour lui, c'était une évidence, mais elle ? C'était certain, elle n'échapperait plus à l'attention générale, aux questions par milliers, aux regards cruels, à cette obsession qu'auraient désormais les médias de tous ses faits et gestes, avec l'intention consciente ou inconsciente de rarement lui pardonner.

Elle avait trente et un ans, mais elle savait qu'on allait attendre d'elle la maturité d'une femme qui aurait eu le double de son âge. Donc elle ferait des erreurs, commettrait des impairs, choquerait par telle ou telle attitude, mais elle savait aussi qu'elle ne pouvait rien contre ça. Il lui faudrait apprendre, apprendre le plus vite possible et garder le rythme pour rester toujours au niveau de Jack, lequel aurait des contraintes et des défis à relever bien plus importants que les siens.

Elle savait aussi que le danger qui guettait depuis longtemps son couple et sa famille allait grandir désormais. Elle le savait parce que la peur s'était emparée d'elle : John, Caroline et elle-même n'étaient plus en sécurité et ils ne le seraient plus tant qu'il serait président des États-Unis. Huit ans d'angoisse à venir.

« Désormais, nous ne sommes que des cibles sur un stand de tir », répétera-t-elle obstinément dès les premiers jours suivant l'élection. Et là, comme souvent, elle avait raison. Des tentatives d'assassinat contre John Kennedy seraient déjouées à plusieurs reprises dans les mois qui suivraient. Toutes seraient cachées à Jackie.

Il y avait aussi, désormais incontournable, l'invasion des médias. Dès le lendemain de l'élection, ils faisaient le siège de sa maison pour effectuer des reportages sur elle, sa maison, ses secrets de beauté, sa collection de chaussures. Ce n'était pas la vie dont elle voulait et elle essayait de le faire savoir aimablement. À chaque journal, à chaque télé, à chaque radio, elle prenait la peine d'écrire pour dire que les efforts nécessaires pour répondre aux médias avaient déjà été accomplis. Un photographe, Jack Lowe, avait été choisi pour faire des centaines de photos de la famille Kennedy. Plusieurs séances avaient eu lieu, Jackie avait changé de vêtements à plusieurs reprises, le photographe avait cherché des décors différents, des paysages nouveaux, tout avait été tenté pour faire sourire la petite Caroline. Elle n'était pas prête à donner plus encore.

« Je sais que vous aimeriez faire des articles merveilleux, et je suis sûre qu'ils le seront d'ailleurs, je vous fais confiance, mais si ça ne vous contrarie pas trop, je pense que je ne vais pas participer à un nouveau reportage de sitôt pour révéler mes tragiques secrets de beauté et ma garde-robe désorganisée. Je dois constamment me prêter à des articles politiques avec Jack, c'est inévitable, mais je me sens toujours gênée. Évidemment, si je savais faire le mannequin, j'adorerais ça, mais je ne sais pas. Je suis sûre que vous comprendrez que je ne suis pas tentée d'essayer. »

Ces quelques lignes élégantes, pleines d'humour et aussi de respect pour ses interlocuteurs faisaient que, malgré la déception, les médias dans leur ensemble prenaient Jackie en sympathie. Voilà une jeune femme qui ne les méprisait pas. Certes, elle ne voulait pas être leur complice, mais elle refusait d'être leur ennemie.

Chacun mesurait aussi que cette *First Lady* (même si dès le début, le terme l'a horripilée) était sur le point d'accoucher de son deuxième enfant trois semaines plus tard exactement, si la date prévue était tenue. Il lui fallait du calme, de la sérénité et de l'attention.

Ce que ne comprenait décidément pas son mari, lequel, dans l'ivresse de la victoire, décida de partir avec des copains en Floride. C'était une désertion, voire une trahison, une fois de plus. Jackie était furieuse, et plus encore reprise par une vieille angoisse. Comment son couple pourrait-il tenir plus longtemps avec un mari qui piétinait toutes les valeurs ? Elle hurla, tempêta, le menaça et le traita de tous les noms, mais John ne voulut même pas écouter. Il était à son projet et rien ne le ferait changer d'avis. Pour lui, les choses étaient simples, il restait trois semaines avant l'accouchement, il partait pour quelques jours, il n'y avait donc pas de panique à créer. C'étaient encore des manières que faisait Jackie pour essayer de se l'attacher. En tout cas, c'était son point de vue.

Il était dans l'avion, prêt à décoller, quand un employé de l'aéroport monta dans le cockpit pour lui transmettre un message : « Mme Kennedy a ressenti des douleurs prématurées et elle a été transportée d'urgence à l'hôpital. »

Ce que John ne savait pas, c'est que sur le brancard qui l'avait emportée, elle avait demandé obstinément qu'on ne prévienne pas son mari. Visiblement, sa colère n'était pas passée.

John fit donc demi-tour, rejoignit sa femme et, signe d'un comportement parfaitement incompréhensible, on pourrait même dire schizophrénique, le même homme qui se préparait à partir en virée avec des copains, était désormais effondré, rempli de remords et d'angoisse. « Je ne suis jamais là quand elle a besoin de moi… » On ne saurait mieux dire. C'était tout ce qu'il parvenait à murmurer, comme un aveu bien inutile.

Le 25 novembre 1960 naissait John Fitzgerald Kennedy Junior, et Jackie rayonnait. Pour la deuxième fois elle remportait une victoire sur l'adversité, surtout elle avait fait la paix avec son mari au-dessus du berceau du petit John. Elle avait toujours du mal à lui résister, et plus encore dans ces moments de désespoir où il apparaissait comme un enfant démuni et blessé par ses propres bêtises.

Elle espérait aussi que le temps des disputes et des mésententes était désormais passé. Les Kennedy n'étaient plus désormais un couple comme les autres, ils allaient être les hôtes de la Maison-Blanche, ils entraient dans l'Histoire et, quelque part, commençaient à lui appartenir.

Pendant quelque temps, Jack se montra plus attentionné, comme à chaque fois lorsqu'il venait de dépasser la ligne rouge. Il semblait avoir pris conscience d'être allé trop loin et cherchait à se faire pardonner.

Et puis, le cours de la vie avait repris et il oublia assez vite ses bonnes résolutions. En l'occurrence, le cours de la vie, c'était quand même la présidence des États-Unis puisqu'il devait être intronisé au mois de janvier, et que le travail ne manquait pas pour construire le gouvernement qui allait travailler sous ses ordres pendant quatre ans. Jackie comprenait tout ça et elle était prête à l'aider.

Elle était rassérénée à la fois par le comportement un peu plus agréable de son mari, mais aussi par la chaleur que lui témoignait son beau-père. Joe Kennedy, qui avait dépensé environ trente millions de dollars pour réaliser sa plus grande ambition, faire élire un de ses fils président des États-Unis, avait toujours estimé que Jackie serait un atout incomparable dans cette quête.

Joe Kennedy avait des défauts, et aussi d'énormes qualités d'intelligence, d'analyse et d'intuition. Avant tout le monde, il avait compris que la dignité de Jackie, sa beauté, son élégance, son intelligence et sa finesse, pouvaient inspirer une approche entièrement neuve de la politique et une nouvelle image d'un couple présidentiel.

Jackie avait hérité de sa mère un certain goût pour la mode et de son père la conscience de l'importance des apparences ; elle avait donc depuis son plus jeune âge et en fonction des moyens dont elle disposait, dépensé beaucoup d'argent pour son élégance vestimentaire et s'était peu à peu créé un style.

Cela mettait Jack en rogne car il était assez pingre, même s'il était fils de milliardaire. C'était ainsi. Il ne comprenait pas qu'elle puisse dépenser autant de fortune en bijoux, en vêtements, en soins de coiffure…

Jackie n'avait jamais voulu changer de mode de vie, confortée par son beau-père, lequel comprenait qu'un jour cette élégance, ce style acquis chèrement serviraient aussi l'image de Jack.

L'année 1960 se terminait donc dans une étonnante bonne humeur que l'on n'avait pas l'habitude de trouver au sein de la famille Kennedy. Le couple semblait s'être équilibré. Jackie admirait de plus en plus son mari, sa faculté à combattre même quand la victoire semblait difficilement possible, les valeurs civiques qu'il voulait défendre, notamment pour les Noirs américains qui étaient encore mis à l'écart de la population et traités comme des sous-citoyens, les lois qu'il voulait faire passer pour aider les pauvres, lutter contre le chômage. C'était un démocrate, un vrai, même si on lui contestait souvent le droit d'être juste puisqu'il était fils de milliardaire. Le simplisme est rarement le début de l'intelligence.

Il savait où il voulait aller et avait décidé de se donner les meilleures armes pour y arriver. Même si ça avait fait hurler dans certaines chapelles, il avait décidé que son frère Bob serait le prochain secrétaire d'État à la Justice. À peu près tous ses conseillers étaient contre. C'était un poste important, capital pour l'action qu'il voulait mener, et notamment combattre la mafia qui étendait ses tentacules dans tout le pays. Cela faisait rire jaune certains, allusifs aux liens supposés de Joe Kennedy avec certains chefs mafieux. Bobby Kennedy était sans doute le plus pur de toute la famille, celui qui était capable d'entrer dans une mission comme on entre dans les ordres. Celui qui croyait plus que tout à la morale et à la justice. Bobby Kennedy voulait combattre le crime, entre autres, et c'était pour ça que son frère l'avait choisi.

Jackie qui avait d'ailleurs beaucoup de tendresse pour son beau-frère, admirait la façon dont John organisait déjà les quatre années qui allaient arriver. Elle le découvrait sans concessions, prêt à aller à la bataille quand il le faudrait. Son admiration et son amour pour lui n'en étaient que décuplés. À côté de cela, ses écarts, ses comportements parfois puérils ou lâches, en tout cas irresponsables, qui bafouaient sa vie conjugale, ne comptaient plus vraiment. Elle ne voyait plus le petit homme perclus de défauts et de faiblesses, mais le grand homme qui s'élevait au-dessus de tous et prêt à tous les sacrifices.

Jack, qui avait toujours l'air d'être absorbé par mille et une choses différentes et de ne pas trop prêter attention à son interlocuteur, était quand même capable de comprendre que le regard que sa femme portait sur lui était en train de changer. Il l'observait à son tour, voyait qu'elle était en train d'atteindre une nouvelle maturité. Désormais, quand il parlait d'elle, même en petit comité, même avec des copains, son langage était différent. Il laissait passer une pointe d'admiration lui aussi. Jackie n'était pas seulement jolie, élégante et intelligente, elle avait une qualité qui épatait son mari :

« Je ne sais jamais ce qu'elle va faire », disait-il avec un émerveillement sincère.

Il la trouvait différente, imprévisible, jamais fade, tout en remarquant qu'elle saisissait beaucoup d'occasions pour lui faire plaisir, ainsi qu'à sa famille.

Si ces deux êtres qui avaient mis tellement de temps à s'accorder – et rien ne dit qu'ils ne se désaccorderaient pas encore à l'occasion – arrivaient à trouver une sorte d'équilibre très harmonieux, c'est qu'ils possédaient quelques qualités semblables, par exemple un manque total de vanité, ou le désir d'apprendre. Jackie avait remarqué ce trait chez Jack mais elle en était également pourvue. Ils arrivaient à parler, à échanger, car ni l'un ni l'autre n'avait un ego surdimensionné et pas plus l'un que l'autre ne surestimait ses capacités intellectuelles au point de mépriser un interlocuteur. Mieux, Jackie avait tenté depuis longtemps de remédier à ce qu'elle estimait être un frein dans la personnalité de Jack : il ne se prenait pas assez au sérieux, et elle poussait aussi fort que possible pour qu'il fasse un effort en ce sens.

Par-dessus tout, ces deux êtres cabossés par les coups reçus et la vie qui n'avait pas toujours été tendre avec eux semblaient aujourd'hui s'apaiser mutuellement. Ils avaient appris de leurs erreurs, pleuré sur leurs défauts, vu mourir quelques espérances. Au-delà de leurs chagrins inconsolables, ils restaient vivants l'un et l'autre. Abîmés mais toujours debout, ils s'avançaient, un peu plus désenchantés, vers leur nouveau destin.

17

La Maison-Blanche

Le 20 janvier 1961, jour de l'investiture de John Kennedy, resterait dans toutes les mémoires comme une journée sinistre, glaciale, et en tout point étrange. Il faisait extrêmement froid – -10 °C – et, la veille, une tempête de neige s'était abattue sur Washington bloquant toute la ville.

Après la prestation de serment de John, un déjeuner officiel, puis un thé familial et six bals attendaient Jackie. Rien que ça. Il faut toujours faire mieux que son prédécesseur et ça commençait par-là. Pour une toute jeune maman, pas encore remise de son accouchement difficile, c'était un défi surhumain. Elle devrait apparaître à chaque minute comme une créature éblouissante, enchantée d'être là et disponible pour tous.

C'était sans compter sur la grande mésentente qui régnait entre les différentes familles du nouveau couple présidentiel. Comme Jack et Jackie, elles avaient leurs différends et leurs disputes colorées, mais sans l'amour profond qui réunissait le couple, quoi qu'il arrive.

Déjà, du côté de Jackie, ils étaient tous républicains et aucun n'avait voté pour John Fitzgerald Kennedy. Ça commençait mal. Pour les Kennedy, c'était un jour de triomphe tandis que les autres boudaient dans leur coin. Frustrés, mais contents d'être là quand même. Une entrée à la Maison-Blanche, ça compte, quitte à passer son temps à faire la tête et à critiquer.

Alors le clan du nouveau Président se repliait sur lui-même, méprisant les autres, tous les autres, les écrasant de sa supériorité. Ambiance assurée. Les Kennedy n'adressaient donc la parole à personne, les Bouvier snobaient les Lee – la famille de Janet – et les Kennedy, les Auchincloss – la famille du beau-père de Jackie – évitaient les Kennedy et les Bouvier, ces derniers méprisant les Auchincloss. D'autres familles ont vécu de telles hostilités mutuelles, mais dans des circonstances comme celle-ci, le jour de l'investiture d'un président des États-Unis, sans doute jamais.

Visiblement ému, tremblant d'émotion, John Kennedy avait fait un brillant discours après avoir prêté serment, mais il avait omis d'embrasser sa femme comme le veut la tradition. Un premier couac qui ne passerait pas inaperçu. Jackie semblait mal à l'aise et en dehors de l'événement. On pouvait deviner qu'il y avait eu du grabuge entre eux dans la matinée.

Ensuite ce fut le tour de la parade militaire, sous une pluie glaciale, John étant tenu de rester debout pendant six heures sans manteau ni écharpe. Connaissant son état de santé, on imagine l'effort inhumain qu'il devait consentir.

Jackie n'était pas allée jusqu'au bout de cet effort. Au bout d'un moment elle s'était éclipsée pour se réfugier à la Maison-Blanche où, après avoir avalé une pilule, elle s'était tout simplement endormie.

Les proches se demandaient déjà ce qui se passait. Plus tard, elle était censée prendre le thé avec eux et voilà qu'elle ne réapparaissait pas. Les plus fervents de ses amis avaient traversé le pays parfois, pour la féliciter et passer quelques minutes avec elle, or elle avait disparu.

En fait, elle continuait de dormir, depuis quelques heures, et avait même pris la précaution de donner ordre aux huissiers de la Maison-Blanche de ne la déranger sous aucun prétexte.

Sa mère passa finalement le barrage, arriva à secouer suffisamment Jackie jusqu'à ce qu'elle s'éveille enfin :

« Jackie, c'est un grand jour pour tous tes amis, ils se sont déplacés, tu ne peux pas les ignorer. »

Jackie pensait que c'était un grand jour pour elle avant tout, et qu'on lui fiche la paix. Elle se rendormit.

Cela peut paraître surréaliste, c'est pourtant ce qui s'est produit à la Maison-Blanche ce 20 janvier 1961. On attendait Jackie en princesse de conte de fées, elle se révélait dans la peau d'une belle au bois dormant. Il ne s'agissait apparemment ni d'un caprice, ni d'un coup de déprime. D'abord une immense fatigue, bien réelle. Un moment où l'organisme craquait sous le poids des nuits écourtées, de la tension insupportable. Sans oublier que six semaines plus tôt, elle accouchait de John Junior. Depuis, elle n'avait cessé de se démener pour investir la Maison-Blanche de la plus belle des manières. Avait-elle tout simplement choisi de se reposer pour être étincelante le soir venu ?

Quand même, il y avait autre chose que Jackie n'avait pas digéré. Elle était furieuse contre Jack qui avait invité à la cérémonie d'investiture sa maîtresse du moment, la comédienne Angie Dickinson. L'invitation avait été discrète et la jeune femme ne s'était pas montrée au premier rang des invités, certes, mais Jackie avait appris sa présence et elle écumait de rage. Décidément, il n'arriverait jamais à se calmer, et jamais il ne prendrait la moindre précaution pour ne pas la blesser. Même un jour comme celui-là. Pourtant, elle avait tout fait pour que ce moment soit réussi même si les obstacles étaient nombreux.

Tout avait mal commencé. Mamie Eisenhower, la Première dame sortante, n'appréciait pas le fait d'être remplacée par cette « jeunette sans intérêt », à laquelle elle préférait Pat Nixon, l'épouse plus mature du candidat battu. Elle avait donc fait à Jackie un accueil glacial lorsque, quelques jours après l'élection de Kennedy, celle-ci lui avait rendu visite à la Maison-Blanche, comme il est de coutume pour la passation de pouvoir entre Premières dames.

Jackie, à peine remise de son accouchement sous césarienne, deux semaines plus tôt, restait très affaiblie. Cela se voyait, mais son hôtesse, poussant l'antipathie jusqu'à la grossièreté, ne lui proposa pas de fauteuil roulant lorsqu'il s'est agi de faire la visite des lieux. Stoïque jusqu'au bout, Jackie avait fait le maximum pour ne rien laisser paraître, réussissant à éviter tout malaise. À son retour chez elle, elle s'était effondrée. Plus tard, interrogée sur ce moment et sur son attitude, Mamie Eisenhower ajoutera le culot et la mauvaise foi à sa grossièreté, expliquant que « Jacqueline Kennedy ne m'a à aucun moment demandé de lui fournir un fauteuil roulant ».

Bien que proche de l'évanouissement, Jackie Kennedy avait pu constater lors de sa visite l'état délabré dans lequel les Eisenhower laissaient la Maison-Blanche.

« On dirait un hôtel qui aurait été décoré par un magasin de meubles avant les soldes, confierait-elle à sa secrétaire. Il y a du pain sur la planche ! »

Il est vrai que les appartements privés étaient en piteux état, le plâtre écaillé, les tapis tachés, les papiers peints décollés, la tenture en lambeaux. En plus, les Eisenhower, jugés très vieux jeu par Jackie, n'avaient manifestement pas le goût des beaux intérieurs et l'endroit ne brillait pas par son faste. Jackie rêvait d'autre chose. Dès le premier jour, elle avait été animée par le désir de faire briller sa nouvelle demeure pour qu'elle devienne la plaque tournante des arts et des lettres du monde entier. Elle se donnait comme priorité l'embellissement de la résidence en souhaitant que la culture y fleurisse. La restauration de la Maison-Blanche devint le premier grand projet qu'elle réalisa, et elle annonça, dès le 23 février 1961, la formation d'un Comité des beaux-arts.

Plus tôt, dès le premier jour du mandat de John Kennedy, elle s'était attelée à la tâche. Avec l'aide d'une décoratrice professionnelle, elle avait fait ajouter une cuisine et des chambres d'enfants à l'étage privé. Elle irait plus loin en lançant des souscriptions, en suspendant transitoirement les visites et en réorganisant de façon temporaire la vie à la Maison-Blanche afin d'y peaufiner des travaux de restauration. Ses aménagements étaient profondément influencés par sa passion pour la culture française, découverte lors de son séjour en France. Sans oublier qu'une partie de ses ancêtres étaient originaires de ce pays. Elle renforcerait ce lien en choisissant des menus issus de la cuisine française, et en employant des décorateurs ainsi qu'un cuisinier d'origine française.

Toutes ces opérations rythmeraient les premiers mois du mandat de John Kennedy, mais un petit retour en arrière indique que pendant les mois séparant l'élection de l'investiture, elle avait travaillé dur sur son programme, déjà.

Retirée dans sa chambre, dans la propriété de ses beaux-parents à Miami, elle avait écrit les invitations pour le jour de l'inauguration, organisé les allées et venues des voitures et des cars chargés de transporter les invités, lu et relu l'histoire de la demeure des présidents, cherché des documents historiques, fait des plans pour la décorer, pour lui rendre son prestige, dessiné la robe qu'elle porterait pour le bal de l'inauguration.

On pouvait donc comprendre sa déception lorsque, tout au long de cette journée, John l'avait plutôt ignorée. Pas même un baiser après sa prestation de serment. Il est vrai qu'il n'avait pas embrassé sa mère non plus.

Jackie était déçue, mais elle avait retrouvé le sourire lorsqu'après un dîner avec des amis, le couple revint à la Maison-Blanche où Jackie devait se changer en prévision de la soirée. Elle avait prévu de porter un long fourreau scintillant blanc et argent, orné d'une broderie diamantée. John, une fois n'est pas coutume, se fendit d'un compliment : « Tu es plus belle que jamais ! »

Six bals avaient donc été prévus, et le troisième marquait le point culminant de la soirée, quand Jack et Jackie pénétrèrent dans la salle où étaient réunis les invités, l'élite sociale et politique de Washington. Ceux-ci applaudirent à tout rompre pendant vingt minutes.

Le nouveau Président avait quarante-trois ans, son épouse trente et un, ils étaient beaux, jeunes, triomphants, ils avaient toute la vie devant eux. C'était la vérité de ce moment.

Derrière ces images scintillantes, d'autres vérités étaient plus ou moins dissimulées. Jackie ressentait bientôt une immense fatigue et décidait de rentrer. Elle était déjà allée bien au-delà de ses forces.

Son mari, le plus jeune Président que l'Amérique ait connu, dont la jeunesse crevait l'écran, souffrait en silence.

Il n'avait pas seulement des difficultés à se mouvoir, il devait faire un effort pour rester debout. Il avait de plus en plus de cheveux gris et sa lèvre supérieure était marquée de ces nombreuses rides d'expression que présentent, en général, les personnes âgées, et qui, chez lui, trahissaient certains moments de souffrance, quand il devait serrer les lèvres pour résister à la douleur. Une légère opacité voilait ses yeux, jusqu'alors d'un gris vert très lumineux. À le regarder de près, il semblait à la fois jeune et vieux. Où était la vérité ? Où était l'illusion ?

Après le départ de Jackie, John continua malgré tout d'honorer les bals divers. Il avait rejoint Frank Sinatra, lequel avait aussi organisé une réception en son honneur, puis revint à ses devoirs officiels. Plus tard encore, il s'éclipsait pour rejoindre le même Sinatra et toute sa bande : Sammy Davis Junior et Dean Martin , avec lesquels il avait formé un groupe, le Rat Pack. Il était épuisé depuis longtemps, agissait comme un somnambule, continuant de se tenir debout comme par miracle.

Vers deux heures du matin, il était temps de rentrer à la Maison-Blanche, même s'il se sentait trop excité pour parvenir à dormir. Il était dit qu'il irait bien au-delà de ses forces, comme un enfant qui refuse l'évidence parce qu'il ne veut pas que la plus belle journée de sa vie se termine. La nuit s'étirait, l'ivresse du triomphe s'estompait mais il résistait encore. De quoi avait-il peur ? De l'extrême solitude, sans doute. Là-bas, dans son nouveau palais, tout le monde dormait, personne ne l'attendait.

Il se fit conduire chez un de ses amis, avant de partir finir la nuit chez un autre, lequel avait eu la bonne idée de faire venir pour lui une demi-douzaine de starlettes d'Hollywood.

18

Le style Jackie

« Une épouse de Président ne peut pas davantage se permettre de ne pas avoir de projet qu'un Président de ne pas avoir d'épouse », selon l'historien américain Garry Wills. Des projets, Jackie en avait une multitude et pendant les trois ans où elle occuperait la Maison-Blanche, se démènerait pour les mener à bien.

Le premier challenge de Jackie était de se montrer assez consensuelle pour rassurer tout le monde autour d'elle, dans un style moins tranché que celui de son mari. Ils n'avaient certes pas les mêmes contraintes ou responsabilités.

Dans sa façon de gouverner, Jack se montrait d'emblée intelligent, directif. Il savait ce qu'il voulait et n'accordait finalement pas beaucoup d'importance à ce que lui suggéraient ses conseillers. Ses secrétaires d'État n'avaient pas plus son oreille, à l'exception de Bobby, son frère, qu'il avait nommé à la Justice.

Dans un souci d'équilibre, avec la volonté de ménager les susceptibilités des uns et des autres, Kennedy avait bâti un gouvernement mêlant républicains et démocrates, apparaissant plus comme un gouvernement centriste qu'un bloc démocrate libéral. Il s'agissait de ne pas effrayer l'opinion publique, la présence à la tête de l'État d'un très jeune président était suffisamment impressionnante ainsi.

Il y avait aussi Jackie qui, en peu de temps, avait séduit les Américains, y compris ceux qui n'avaient pas voté pour son mari. Elle réussissait à ajouter un style neuf, loin des pesanteurs traditionnelles, et sa modernité, sans tapage, fascinait très vite l'ensemble du pays. Plutôt que d'aller chercher les électeurs, Jackie semblait les séduire avant de les attirer à elle, ce qui lui vaudrait une loyauté définitive.

Tout de suite, elle avait compris que son nouveau domicile représentait une tradition bien au-delà de la politique. Un trésor qu'il fallait entretenir et si possible mettre plus en valeur. Depuis sa première visite, à l'invitation glaciale de Mme Eisenhower, elle avait décidé de rendre aussi vite que possible son prestige à la Maison-Blanche. Au-delà, il faudrait rendre tout le monde fier de l'héritage culturel de la nation grâce à ce lieu qui ne pouvait plus se contenter d'être une sorte d'hôtel où les chefs d'État dînent et où sont organisées les réceptions officielles.

« On m'a mise en garde, suppliée et presque menacée pour que je n'entreprenne pas la restauration », racontait Jackie. Mais elle ne céda pas.

La Maison-Blanche était tombée en désuétude, victime de la négligence de ses précédents propriétaires. Elle restaura les meubles et la décoration issus des précédentes ères présidentielles, choisit des tableaux et des objets d'art pour chaque pièce, rafraîchit les quartiers privés et changea le style des réceptions officielles et informelles.

Elle imposa aussi, avec douceur et une grande fermeté, sa personnalité. Déjà elle avait bien pris soin de faire connaître son hostilité au terme *First Lady*, précisant qu'elle ne souhaitait pas être ainsi appelée.

Elle annonça très vite quel style d'épouse de président elle désirait être : « Je ne veux pas descendre dans les mines de charbon ni être un symbole d'élégance. Je ne serai jamais une femme de comité ou de club, parce que je ne suis pas membre dans l'âme. »

Pour être heureuse et remplir sa tâche avec le plus d'efficacité, elle avait besoin d'être elle-même et de ne pas ressembler à telle ou telle Dame qui l'avait précédée. Eleanor Roosevelt, par exemple, qui restait selon beaucoup LE modèle.

« Jackie possédait des qualités que l'on attribue généralement aux hommes, remarquait l'historienne des médias Susan Douglas. Elle était intelligente, plutôt cérébrale, avec des connaissances en histoire et dans les arts, portait des pantalons et avait de grands pieds. Cependant elle restait totalement féminine. C'était une princesse, une reine. Elle savait assumer ses responsabilités tout en restant gracieuse et décorative. »

À son amour de l'art elle alliait un sens passionné de l'histoire. Elle aimait savoir comment les choses avaient commencé, comment elles avaient évolué. Son glamour et sa modernité prenaient racine dans sa curiosité pour le passé.

Elle était aussi attachée à ne rien négliger des obligations quotidiennes. Si la mission d'une épouse de Président consiste à gérer son agenda politique et obtenir l'adhésion du public, alors Jackie devrait être classée parmi les plus efficaces Premières dames de l'histoire, disait Arthur Schlesinger Junior, ancien assistant du président Kennedy.

« J'ai vite appris que lorsque Mme Kennedy murmurait poliment : "Pensez-vous que… ?", il fallait obéir avec autant de diligence que quand Mme Roosevelt ordonnait: "Faites cela immédiatement" », racontait l'ancien huissier de la Maison-Blanche dans ses Mémoires. En public elle était élégante, distante, digne et majestueuse. En privé elle était simple, espiègle et irrévérencieuse. Elle avait une volonté de fer et une détermination peu commune. Elle s'exprimait avec une telle douceur, une telle subtilité qu'elle parvenait à imposer sa volonté aux gens sans que ces derniers s'en aperçoivent. »

En quittant la Maison-Blanche un peu moins de trois ans après y être entrée, Jackie laissera derrière elle quelques réalisations remarquables. Avant elle, les Américains avaient tendance à considérer la culture comme l'apanage des seuls Européens. En transformant la résidence présidentielle en galerie d'art, dédiée exclusivement aux artistes américains, Jackie avait changé les mentalités, aidant le pays à prendre conscience de son riche et flamboyant héritage culturel. Elle avait donné un nouvel élan aux associations de sauvegarde du patrimoine, modifiant par là même l'entière physionomie des villes américaines.

C'est elle aussi qui avait persuadé le Président de demander au Congrès des crédits substantiels pour le monde artistique. Elle était même allée plus loin, tentant de transformer Washington, capitale et centre économique du pays, en une capitale également culturelle, à l'image de Paris ou Londres.

À la fin de l'année 1963, elle était sur le point d'assister à la réalisation de son plus grand objectif: la naissance du premier poste de Cabinet consacré aux arts. Elle avait persuadé son mari de créer ce poste et John Kennedy était sur le point de signer un décret nommant un premier conseiller pour les affaires culturelles. Le document était dans sa mallette lorsque le 22 novembre le président s'est envolé pour le Texas. Il devait le signer dans l'avion, au retour de Dallas.

Pour de nombreuses personnes issues de la classe moyenne, Jackie représentait la sophistication à la française. Quand elle accompagnait son mari dans des voyages à l'étranger, c'est elle qui prenait la lumière. On se souvient qu'en 1961 arrivant à Paris, le couple Kennedy avait été accompagné depuis son arrivée à l'aéroport d'Orly jusqu'à l'Élysée par des milliers de personnes scandant le nom de Jackie. Au point que, sur le perron de l'Élysée, à l'occasion de sa première prise de parole, le Président s'était présenté ainsi : « Je suis le type qui accompagne Jackie Kennedy à Paris ! » Le général de Gaulle avait semblé tomber sous le charme, surtout quand elle lui avait confié dans son merveilleux français : « Vous savez, j'ai des ancêtres français. — Moi aussi », avait répondu De Gaulle.

Le style Jackie, c'était aussi une façon de communiquer sans cesse avec son mari autour de ses projets pour qu'il puisse les avaliser. Au-delà de leurs différends conjugaux, des reproches qu'ils pouvaient s'adresser, des disputes et des bouderies, elle s'était tellement attachée à son rôle, qui était pour elle un devoir et un honneur, qu'elle était prête à passer sur tous ses *soucis domestiques*, selon son expression, pour obtenir ce qu'elle voulait de mieux pour le pays.

Parfois elle était très en colère contre son mari, avec d'excellentes raisons la plupart du temps, mais elle était capable d'oublier tout cela dès qu'il s'agissait d'évoquer le bien du pays.

Sans jamais se mêler d'affaires étrangères ou de politique intérieure, car elle a toujours su rester à sa place, dès qu'il s'agissait de la Maison-Blanche, de culture, d'art, et de la vitalité artistique du pays, elle était capable d'oublier tous ses griefs.

« C'était une jeune femme d'une grande beauté, à la fois astucieuse et lumineuse, d'une remarquable intelligence et exigence, selon Arthur Schlesinger Junior. Elle avait été élevée dans un milieu et une époque, "les années 1940", où l'on apprenait aux jeunes filles à dissimuler leurs capacités intellectuelles afin de ne pas effrayer les hommes. Elle s'était donc conformée aux conventions des classes dirigeantes mais, sous une apparente légèreté, savait juger froidement ses contemporains et cultiver une vision ironique de la vie. Son aisance et sa grâce dissimulaient une extraordinaire lucidité. Elle avait un œil aiguisé, un jugement subtil et des objectifs implacables. »

Son style vestimentaire était tout aussi brillant. Quelques exemples racontent ce que furent ses trois ans à la Maison-Blanche ou en voyage officiel. Ainsi, à la cérémonie d'investiture, le 20 janvier 1961, l'ensemble qu'elle portait pour la cérémonie résumait la simplicité élégante et la ligne qui seraient les marques de sa garde-robe. Le choix surprenant du grège se révèle pertinent, car dans cette couleur neutre, Jackie se distinguait des autres femmes de l'assemblée, emmitouflées dans des manteaux scintillants et dans des fourrures sombres.

Le 31 mai 1961, à l'occasion du dîner avec De Gaulle et son épouse au palais de l'Élysée à Paris, Jackie avait choisi une sophistication discrète pour cette première soirée de gala en France. Tout le charme de son ensemble reposait sur la splendeur de la robe rose et blanche.

Dans son discours John Kennedy vanta les talents d'ambassadrice de sa femme : « Ma préparation à la présidence ne comprenait pas une connaissance approfondie de la France par l'expérience diplomatique. Cette connaissance, je l'ai acquise en me mariant. »

Le 11 mars 1962, elle était reçue en audience par le pape Jean XXIII au Vatican. La robe dessinée à l'occasion témoignait du sens de la mise en scène que partageaient Jackie Kennedy et le couturier Oleg Cassini. Élégante et sobre, la robe évoquait la majesté des portraits espagnols du XIIIe siècle. Obligée de porter un couvre-chef, Jackie avait choisi de draper une mantille noire autour d'une coiffure espagnole recherchée. Ensuite, elle conversa en français avec le souverain pontife avant l'échange des présents.

À chaque voyage officiel, à Londres, à New Delhi, à Ottawa, à Vienne, à Bogota, à Mexico, à Athènes, dans les réceptions, les visites, le style Jackie faisait mouche.

On lui avait beaucoup reproché les sommes englouties pour restaurer la Maison-Blanche. Lorsque le résultat fut acquis, elle décida d'organiser des visites et, en 1961, nomma Lorraine Pearce première conservatrice. Plus de six cent mille exemplaires du guide de la résidence présidentielle publié par Jackie Kennedy furent vendus en moins de trois ans. Les contribuables étaient largement rentrés dans leurs frais.

Si elle avait cherché une manière irrésistible de dire tout son amour à son mari, elle l'avait sans doute trouvée avec cet art de le représenter partout, de façon originale, brillante et toujours de bon goût. La sympathie qu'ont pu créer les années Kennedy à la Maison-Blanche, doit beaucoup à Jackie.

John Kennedy n'ignorait rien de cela, et il savait montrer sa gratitude. Avec des mots et parfois avec des attentions.

Mais ce n'était pas suffisant pour compenser les tourments qu'il continuait d'infliger à son épouse, jour après jour, année après année. Dans l'intimité, le style Kennedy n'avait rien de reluisant.

19

L'homme qui ne s'aimait pas

Pour tous ceux qui ne savaient rien de ce qui se cachait derrière les larges sourires, les photos éclatantes d'un jeune homme jouant au football en famille, barrant un voilier avec maîtrise, Jack Kennedy était en grande forme. Nous savons qu'il n'en était rien. Tout n'était que bluff et trompe-l'œil.

En revanche, ni mensonge ni manipulation dans son action politique. Dès son arrivée à la Maison-Blanche, il imprimait son rythme : jeune, enthousiaste et enthousiasmant. Le nouveau Président était guidé par des centaines d'idées plus généreuses les unes que les autres. Et il ne voulait tricher avec aucune.

Lors de son discours d'investiture, le 20 janvier 1961, il promettait de partir en guerre contre la pauvreté, l'injustice et la discrimination. Il se lancera rapidement dans une guerre impitoyable pour la reconnaissance des droits civiques des Noirs américains, et ce n'était pas partie facile dans un pays où la ségrégation existait toujours. Plusieurs États du Sud restaient hostiles à toute correction d'une immense injustice. Kennedy annonçait aussi une nouvelle frontière de l'espoir pour tous les Américains, et dans son discours on remarqua cette phrase restée dans toutes les mémoires : « Ne vous demandez pas ce que votre pays peut faire pour vous, demandez-vous ce que vous pouvez faire pour votre pays. »

De l'autre côté du miroir, le style Kennedy, c'était donc une forme de mensonge permanent. Mensonge sur sa santé, mensonge sur son comportement de mari, mensonge sur ses errements sexuels. Des mensonges qui, à plusieurs reprises, avaient mis et continueraient de mettre, jusqu'au bout de sa vie, sa présidence en danger.

On l'a vu, depuis l'enfance, et même s'il a persisté à le nier tout au long de sa vie, Kennedy était malade. Il était atteint de la maladie d'Addison, progressivement destructrice des deux glandes surrénales, le corps n'étant alors plus en mesure d'assurer la synthèse habituelle des hormones. Dans le cas de Kennedy, la maladie d'Addison avait provoqué ses problèmes de dos bien avant qu'il ne soit blessé à la guerre. Chaque jour il devait subir des injections de drogue pour calmer ses douleurs et arriver à marcher sans béquilles. La doctrine Kennedy imposait de garder secrètes toutes les déficiences physiques d'un membre du clan. Robert, son frère, Joseph, son père, et quelques proches se multipliaient pour garder le secret de John. Ainsi, lorsqu'il fut hospitalisé pour sa maladie d'Addison, il avait été fait état d'atteinte de malaria contractée dans la Marine ! Kennedy a pris l'habitude de nier la vérité et il excellait dans ces mensonges répétés, auxquels il semblait être le premier à croire :

« En 1959, alors qu'il commençait à songer sérieusement à la prochaine élection présidentielle, je lui ai posé la question de savoir si un candidat atteint de la maladie d'Addison pouvait aller au bout de sa candidature », racontait

Arthur Schlesinger Junior, historien et futur conseiller à la Maison-Blanche.

« Une personne qui a la maladie d'Addison ne devrait pas se présenter à la présidence, mais je n'en suis pas atteint », avait répondu froidement Kennedy. Il savait que son ami et conseiller savait, mais il n'était pas question de laisser apparaître la vérité, même en tout petit comité.

Devenu accro aux analgésiques et aux drogues en tous genres, Kennedy devait se faire injecter chaque jour plusieurs sortes de médicaments auxquels il fallait ajouter les antibiotiques pour lutter contre une maladie vénérienne très virulente et dont il ne pouvait pas guérir, puisqu'il la réactivait régulièrement avec des coucheries diverses, avec des femmes de toutes sortes.

C'est à quelques heures de son célèbre débat contre Richard Nixon qu'il avait bénéficié pour la première fois des produits soi-disant naturels prescrits par le fameux Dr Max Jacobson[1]. À partir de ce jour, et fort de sa victoire écrasante dans le débat sur un Richard Nixon, qui lui-même n'avait apparemment pas bénéficié des services d'un docteur miracle, Kennedy ne jurait plus que par Max Jacobson. Le 20 janvier 1961, jour de l'investiture, Jacobson était présent parmi les invités triés sur le volet qui se tenaient sous la tribune présidentielle et assista au discours inoubliable de son nouveau patient. Plus tard, il fut introduit dans le cercle des proches du nouveau Président.

Désormais, Jacobson faisait partie de la garde rapprochée de Kennedy. Dès que celui-ci en avait besoin, et cela arrivait de plus en plus souvent, il le faisait appeler et Jacobson

1. Voir chapitre 15.

arrivait quelques heures plus tard. À Washington, ou dans n'importe quelle partie du monde où se trouvait le Président, Max Jacobson était toujours prêt à le rejoindre lorsque celui-ci avait besoin de lui.

Dans l'entourage du Président, peu de gens étaient dupes. On avait trouvé un étrange surnom à Jacobson : *la pharmacie ambulante.* Il est vrai qu'il n'arrivait jamais les mains vides : amphétamines, barbituriques, cocaïne, analgésiques, hormones et stéroïdes étaient administrés au Président sur des périodes plus ou moins longues. Kennedy ne pouvait plus s'en passer et même Jackie aurait recours à ses services lorsqu'elle serait enceinte de son troisième enfant. Les bonnes piqûres du Dr Jacobson atténueraient suffisamment sa dépression et ses migraines pour qu'elle veuille faire à nouveau appel à ses services quelques mois après l'assassinat de Jack.

Bobby Kennedy, le petit frère qui veillait à tout et gardait la tête froide quoi qu'il arrivât, essaya de mettre en garde son aîné, mais en vain. Bobby savait que si le rôle que jouait Jacobson auprès de son aîné était découvert, ce serait la fin de la carrière politique de celui-ci et, déjà, pas de deuxième mandat. Les États-Unis sont un pays où on ne supporte pas la dissimulation, paraît-il. Et là, on y était plus que jamais. Mais Kennedy ne voulait rien entendre. Ce qui comptait pour lui, c'est qu'avec l'aide de Jacobson, il pouvait se tenir debout encore, marcher mesurément, mais marcher tout de même, au lieu d'être cloué dans un fauteuil roulant.

Il serait inégal d'évoquer la présidence Kennedy et le style qu'il a su lui donner sans parler aussi de sa vie amoureuse. Les affaires sexuelles de toute sorte, les relations dangereuses, les centaines de rapports qu'il a pu avoir avec des femmes, dont la plupart étaient d'illustres inconnues, tout cela a pesé et pèse encore aujourd'hui lorsque l'on pose un regard approfondi sur son action et aussi sur son style.

Comme pour tout ce qui a trait à sa santé, ses maladies, et qui a été caché pendant des années, les extravagances sexuelles de Kennedy sont restées, à quelques exceptions près, tout à fait secrètes.

En matière de sexe, Kennedy pensait qu'il était intouchable et invulnérable. Issu d'un milieu *aristocratique* à l'américaine, où l'on avait des maîtresses sans que cela ne choque personne, Jack avait appris que tout adultère était tolérable à condition que ce soit l'homme qui le pratiquât. C'était une règle non écrite, tout le monde la connaissait, y compris les épouses. Cela faisait partie de leur mode de vie.

Joseph Kennedy ne s'était jamais privé de tromper sa femme ouvertement sans que qui que ce soit, et surtout pas elle, trouvât à y redire. Un goujat ? Non, expliquait-on à l'époque. C'était plutôt un aristocrate qui profitait de toutes les douceurs qui s'offraient à lui, pourvu qu'elles portent une jupe.

Avec un tel exemple, John avait pu démarrer sa vie *sentimentale* dès l'adolescence, dans d'excellentes dispositions. Joseph Kennedy, patriarche et mari adultère, voulait aussi que ses fils lui ressemblent. Ce ne serait donc pas lui qui tenterait de freiner les ardeurs de son cadet. Mais John n'avait pas la santé de son père, il souffrait de la maladie d'Addison, une pathologie génétique censée être mortelle et qui en tout cas ne se guérissait pas. La maladie d'Addison s'attaque durement à la santé du malade, l'infection atteignant les reins et entraînant une fatigue chronique. À l'époque, un seul traitement à base de cortisone et de testostérone, était relativement efficace, avec des effets secondaires assez étonnants.

Toutes les personnes, hommes ou femmes, qui suivaient ce traitement ressentaient un appétit sexuel débordant et une libido en forte croissance. Et même désordonnée.

Déjà en 1958, cinq ans après son mariage avec Jackie, il avait risqué la faillite de sa carrière politique lorsqu'il avait été photographié sortant du domicile de l'une de ses maîtresses. En fait, il avait été dénoncé par une catholique fervente ayant découvert qu'il entretenait une liaison avec l'une de ses locataires. Elle s'était fait un devoir de le dénoncer, écrivant à trente-cinq journalistes. Aucun n'avait souhaité approfondir le sujet. La presse était à l'époque dominée par les hommes, et la plupart des journalistes avaient tendance à envier Kennedy plus qu'à le blâmer. Et puis, Joseph Kennedy veillait, grâce à ses relations, à ce que jamais le moindre article nuisible à son fils puisse paraître.

À force de mélanger les aventures d'une heure, d'un soir ou même de dix minutes, de coucher avec toutes les femmes qu'on lui présentait, qu'on lui amenait parfois, Kennedy multipliait les risques. Pour sa santé, et aussi pour sa carrière.

En 1960, il passa une nouvelle fois les bornes alors qu'il était en train de faire campagne pour la présidence des États-Unis : il prit une maîtresse que lui avait fournie la mafia. En février, il interrompit sa campagne pour se rendre à Las Vegas afin de prendre du bon temps avec Sinatra et ses copains du show-business. Ils avaient l'habitude de se retrouver régulièrement, faisaient la fête toute la nuit puis cuvaient leur alcool le lendemain matin dans les bains de vapeur du Sam's Hotel.

À son arrivée on lui amena une jeune femme du nom de Judith Campbell, présentée comme une jeune divorcée originaire de Los Angeles. En fait, elle était très proche de la mafia, ayant été la maîtresse du second de Sam Giancana, grand chef mafieux. Le milieu savait que Kennedy voudrait se voir livrer une partenaire, comme à son habitude. Celle-ci était d'un genre particulier, quand même.

Cela aurait pu se terminer dès le lendemain matin sans qu'on n'en parle plus jamais. Mais Kennedy avait voulu revoir Judith Campbell.

Devenu président, il avait poursuivi cette étrange liaison tout en multipliant les aventures. C'est en mettant sur écoute Sam Giancana, en raison de son implication à haut niveau dans le crime organisé, que le FBI réussissait à cibler Judith Campbell, la mettre sur écoute elle aussi en fonction de ses relations avec le milieu, jusqu'à s'apercevoir que depuis 1961 et l'arrivée de Kennedy à la Maison-Blanche, elle y avait téléphoné plus de soixante-dix fois. Pour le FBI, il ne faisait aucun doute que le Président entretenait une liaison avec une femme proche de l'un des gangsters les plus puissants des États-Unis.

Lors d'un déjeuner, le patron du FBI, Edgar Hoover, présenta un mémo à Kennedy le mettant devant le fait accompli. Furieux, le Président décida de cesser immédiatement sa relation avec Judith Campbell. Il était également très en colère contre Hoover et le FBI : il venait de comprendre qu'on le surveillait jour et nuit. Ce qui était d'ailleurs la moindre des choses.

Le comportement de Kennedy avec les femmes n'avait pas changé depuis qu'il était président : il n'hésitait pas à glisser sa main sous leur jupe, à leur faire des avances quelques minutes seulement après les avoir rencontrées et à les peloter en toute occasion. Désormais il lui était plus facile encore de faire des conquêtes. S'il rencontrait une jolie jeune femme lors d'une réception à la Maison-Blanche, il lui arrivait de murmurer soudain : « Mon chauffeur viendra vous prendre à minuit » avant de sourire et de s'éclipser.

Il multipliait les maîtresses dont au moins quatre jeunes femmes qui travaillaient à la Maison-Blanche. L'une d'entre elles était l'attachée de presse de Jackie, deux autres étaient des fans absolues de la *First Lady*, s'habillant se coiffant et se maquillant comme elle.

Il y avait des femmes qu'on lui amenait, qu'on faisait entrer dans sa chambre à toute heure du jour et de la nuit, leur donnant accès à la Maison-Blanche, ce qui paraît hallucinant mais qui était bien réel. À cette époque, les visites de ses maîtresses à la Maison-Blanche obéissaient toujours au même rituel. Un très proche conseiller venait accueillir la jeune femme, l'escortait à l'intérieur du bâtiment, les services secrets bloquaient ensuite l'accès aux appartements privés. Quand le Président était d'humeur, le couple dînait rapidement avant de faire l'amour. Ensuite il raccompagnait son invitée jusqu'au rez-de-chaussée dans un petit ascenseur et lui disait au revoir.

Ne reculant devant rien, il dragua même la belle-sœur de Ben Bradlee, futur grand manitou du *Washington Post*, l'homme qui ferait tomber Richard Nixon en 1974 dans l'affaire du Watergate. Marie Meyer résista pendant quelque temps, et puis comme à peu près toutes les femmes que croisait Kennedy, elle finit par craquer malgré son amitié avec Jackie. En décembre 1961, il entama avec elle une liaison qui durera dix-huit mois.

La fascination qu'éprouvait Kennedy pour les stars de cinéma le poussait à faire entrer certaines dans son lit. À son palmarès figurent les noms de Gene Tierney, Arlene Dahl et Jayne Mansfield, ainsi qu'Angie Dickinson.

En octobre 1962, il invita Marlene Dietrich à venir dîner avec lui un soir à la Maison-Blanche. À peine arrivée, la star était conduite dans les appartements privés et après quelques instants de bavardage, Kennedy lui lança : « Nous n'avons pas beaucoup de temps », tout en commençant à se déshabiller. Elle fut stupéfaite et amusée. À soixante et un ans, elle ne s'attendait pas à ça ! Elle était en tout cas suffisamment amusée par l'instant pour se déshabiller à son tour sans mot dire.

Un peu plus tard, tout en se rhabillant, il lui posa une question qui apparemment lui tenait à cœur : « Avez-vous été la maîtresse de mon père ? Il a toujours dit que oui. » Marlene Dietrich l'assura du contraire et il sembla soulagé.

Il faisait toujours l'amour comme un adolescent, ne connaissant d'étreintes que très rapides. Le sexe était pour lui une façon, non pas d'exprimer des émotions quelconques, mais au contraire de les fuir. C'était une course au plaisir à défaut d'être une course au bonheur. Il avait besoin de ces séances aussi dangereuses et aussi furtives fussent-elles pour oublier les douleurs qui l'accompagnaient en permanence et la noirceur d'un avenir dont il était certain, depuis toujours, qu'il ne lui apporterait rien de bon.

Peu importait qu'il ait fait l'amour avec des centaines de femmes, ce qui comptait, c'étaient les douleurs qu'il trimballait dans chacune de ses aventures. Physiques, on l'a dit, et aussi mentales. Cet homme auquel tout avait semblé réussir, ne s'aimait pas, n'aimait pas son destin. On se console comme on peut, il tentait vainement de donner une illusion à toute cette débauche.

Quelques mois avant sa mort, il confia à une amie :

« Je n'oublie jamais une fille avec qui j'ai fait l'amour. » Peut-être croyait-il ce qu'il disait.

Le nombre de ses infidélités dépassait de loin tout ce que Jackie avait pu imaginer. Car elle avait été condamnée très vite à imaginer plutôt qu'à affronter la réalité. Depuis le début elle savait à quoi s'en tenir sur le tempérament de son mari.

« Jack jurait qu'elle ne soupçonnait rien, racontait Jim Reed, un copain du temps de la Marine, mais il était évident qu'elle savait exactement ce qui se passait. Cette folie de débauche. C'était comme s'il ne contrôlait plus rien, lui qui par ailleurs voulait toujours avoir le contrôle. Il était si discipliné à bien des égards. La discipline était, après tout, le secret de son succès mais lorsqu'il s'agissait de femmes, c'était une personne différente. Dr Jekyll et Mr Hyde. »

Jackie ne soupçonnait pas, toutefois, que le besoin qu'avait Jack de multiplier les partenaires était au diapason de ses ambitions politiques, effrénées. Dans le sexe comme dans le travail, la motivation, l'implication, il ne connaissait pas la mesure. Il fallait l'accepter ou partir, et cela n'était pas possible.

Résignée, Jackie avait décidé de faire, publiquement, comme si elle ne savait rien et même comme si cela n'existait pas. En aparté, elle avait à plusieurs reprises tenté de régler le problème, menacé de quitter le foyer, de divorcer, finissant toujours par céder.

La peur de perdre sa place ? Certainement pas. Perdre son mari était la seule chose qui pouvait lui faire peur. Car elle aimait Jack, profondément, et elle savait par-dessus tout qu'il l'aimait tout autant. Le reste, le sexe, les infidélités, c'était autre chose.

Elle avait choisi d'en rire en privé, disant, en français : « Notre couple, c'est vice-versa. » Et elle ajoutait : « Cherchez qui est le vice. »

Jamais elle n'a craint qu'un jour il la délaisse définitivement. Jusqu'en avril 1962, lorsque Kennedy ajouta Marilyn Monroe à sa collection.

20

Outrage

Le monde entier connaît l'*histoire* qui a existé entre Marilyn Monroe et John Kennedy. Le monde entier n'en sait pas plus. Aventure ? Liaison ? Histoire d'amour ? Entre rumeurs, biographies à scandale, témoignages peu crédibles, tout le monde s'y perd. Il est certain qu'il y a eu une *affaire* entre Marilyn et le Président, mais les détails sont trop nombreux pour que l'on puisse croire qu'ils sont tous véridiques.

C'est en 1954, au mois de mars, que Kennedy et Marilyn se sont vus pour la première fois. C'était lors d'une *party*, à Hollywood, chez le célèbre agent Charles Feldman. Dans cette même demeure de Beverly Hills, Marilyn avait rencontré quelques années plus tôt Arthur Miller, qui devait devenir son mari.

Personne ne sait exactement ce qu'il s'est passé en 1954, la seule certitude, c'est qu'on les a vus ensemble ce jour-là et qu'ils faisaient connaissance. Il faut aller bien en avant, quelques années plus tard, pour trouver un lien entre eux. Notamment la soirée donnée par Sammy Davis Junior pour fêter le triomphe de Kennedy à la convention démocrate de 1960. On les avait assis à côté l'un de l'autre, à la demande du candidat et Marilyn paraissait très émoustillée. Au cours de ce dîner, Kennedy aurait plongé sa main sous la table et aurait découvert que Marilyn ne portait pas de culotte. La glace était rompue.

On évoque aussi des bains de minuit pris ensemble et une hospitalisation, le 20 juillet 1961, au Cedars of Lebanon Hospital de Los Angeles, causé par l'avortement d'un enfant qui aurait été conçu par Kennedy.

Ce qui se révèle absolument réel et indéniable, c'est qu'entre octobre 1961 et août 1962, John Kennedy et Marilyn Monroe se sont rencontrés quatre fois. La première fois, au cours d'une soirée donnée par Peter Lawford, beau-frère de Kennedy, qui leur a permis de passer la nuit ensemble. La deuxième fois, au début de l'année 1962, lors d'un dîner à New York. La troisième, en avril 1962, avait eu lieu lors d'une visite du Président chez Bing Crosby, à Palm Springs. Le chanteur était absent ce jour-là, mais la piscine regorgeait de starlettes dénudées, très excitées à l'idée d'avoir une aventure avec le Président. Généralement, lorsqu'on lui préparait le terrain aussi agréablement, il ne décevait jamais. Ce jour-là il avait pourtant autre chose en tête, et, généreux comme il savait l'être avec ses troupes, avait décidé de laisser sa garde rapprochée entreprendre les jeunes femmes qui se trouvaient dans la piscine. Il avait mieux à faire. En effet, Peter Lawford avait prévu à son intention une surprise spéciale : Marilyn Monroe.

À l'époque, Marilyn Monroe venait de se séparer d'Arthur Miller, son mari, avait été lâchée par Yves Montand, auquel elle avait cédé un peu trop rapidement, était mal dans sa tête, mal dans sa vie, et se raccrochait sans doute abusivement à l'idée que seul un prince charmant (*sic*) comme John Kennedy pourrait la sauver du désespoir.

Son amour était sincère, mais on doute de sa lucidité. Elle avait pour amant, par à-coups, si l'on ose dire, un homme marié, père de famille et, accessoirement, président des États-Unis. Elle aurait dû savoir qu'avec un tel partenaire, on ne peut se permettre toutes les folies, tous les rêves, tous les bavardages.

Au lieu de cela, elle se répandait de plus en plus souvent, et très ouvertement, sur ses projets d'avenir, ses envies de devenir la femme du Président, de porter ses enfants ! Elle lui envoyait des poèmes et le suivait à la trace dès que c'était possible.

Bien sûr, Kennedy était complice de tout cela. Dès que Jackie boudait un déplacement, il faisait signe à Marilyn qui arrivait en cachette pour le rejoindre dans sa suite. C'était arrivé au point que la rumeur de cette liaison – une de plus, certes, mais si visible – devenait plus qu'encombrante pour le Président et pour sa femme.

Jackie avait accepté beaucoup. Puisque rien ne pouvait changer le comportement de son mari, autant tourner la tête et ne plus y faire attention. Le moins qu'elle puisse attendre, c'est qu'on ne lui mette quand même pas sous le nez ses infortunes. Et qu'elles ne deviennent pas publiques.

Désormais le risque grandissait. Marilyn se révélait capable de tout dévoiler en public à chaque instant, de provoquer un scandale, de ruiner la réputation de son mari et son mariage, et de l'humilier publiquement. Un jour, l'actrice téléphona à la Première dame :

« Cette fille est folle ! » Ce fut le cri du cœur de Jackie après avoir raccroché le téléphone. Marilyn avait sauté la dernière étape vers le scandale. Sincèrement, Marilyn pensait que Kennedy était prêt à l'épouser, et il lui avait paru naturel d'appeler Jackie pour la préparer au divorce !

On apprendra des années plus tard que la Première dame ne s'était pas laissé déstabiliser : « C'est parfait, Marilyn. Épouse Jack et viens vivre à la Maison-Blanche, endosse les responsabilités comme moi. Ainsi moi je pourrai me retirer et tu te retrouveras avec les problèmes. »

Au mois de mai, Marilyn s'envola pour New York. Elle devait chanter lors d'une soirée destinée à recueillir des fonds pour le parti démocrate, au Madison Square Garden. C'était une soirée qui marquait aussi le 45e anniversaire du président Kennedy.

Personne n'avait mesuré le risque de mettre en présence le Président et l'actrice. Pourtant les signaux d'alarme, on pourrait écrire de détresse, étaient nombreux. Marilyn allait de plus en plus mal. Son psy ne pouvait plus grand-chose pour elle, Arthur Miller avait choisi de divorcer parce qu'il n'en pouvait plus, tous les hommes qu'elle approchait, mais qui étaient d'abord séduits par son aura et sa beauté, finissaient par fuir épouvantés.

Cette fixation sur Kennedy était en train de devenir maladive. Il est même étonnant que les services secrets et des différents personnels attachés à la sécurité du Président n'aient pas réagi. On faisait comme si cela n'était pas si grave. C'est encore l'image d'une Amérique naïve, persuadée qu'il était facile de mettre la poussière sous le tapis, de faire taire gentiment les excités qui voudraient faire du raffut, et qui estimait que les pulsions tragiques voire criminelles n'existaient que dans les films noirs et dans les romans policiers. Dans un peu plus d'un an, l'Amérique aurait changé d'avis.

En attendant, Marilyn était heureuse pour une fois. Elle allait pouvoir réaliser son rêve : s'adresser personnellement au Président avec des mots vrais, des mots d'amour, et sous les yeux de milliers de spectateurs et d'environ quarante millions de téléspectateurs.

Pour cette occasion qui ressemblait à un baroud d'honneur, elle avait dépensé 6 000 dollars, environ 30 000 euros actuels, pour une robe en tulle entièrement brodée de brillants, qui était si moulante qu'on avait dû la coudre sur elle. Elle ne portait rien en dessous et de près on pouvait voir ses seins et ses fesses. Cette robe était moins un vêtement qu'un écrin pour mettre en valeur une pierre précieuse, Marilyn étant elle-même le cadeau.

Elle était très nerveuse et c'est pratiquement avec une heure de retard qu'elle se présenta et entonna *Happy Birthday, Mister President*.

Elle apparut dans un halo de lumière, sur une scène qui faisait face à 15 000 spectateurs éblouis. Tout de suite, elle laissa tomber l'étole d'hermine prêtée par la Fox, la compagnie de cinéma qui l'employait, et commença à chanter en se caressant le ventre et les cuisses.

Plus tard la presse lui reprochera de s'être comportée « comme si elle avait fait l'amour au président en direct au vu et au su de 40 millions de téléspectateurs américains ».

Elle s'en moquait bien. Depuis plusieurs semaines, les avertissements étaient tombés, de plus en plus pressants. Les mises en garde s'étaient multipliées. Même Bobby, le frère du Président, était venu lui parler, lui demander de cesser de faire des allusions à Jack dès qu'elle en avait l'occasion.

D'une certaine manière, mais peut-être n'était-ce pas suffisamment clair, on lui avait expliqué que le Président ne voulait plus la voir. C'était devenu trop dangereux pour lui.

Si John Kennedy n'avait pas eu à régler quelques problèmes du monde, il aurait peut-être pensé, au moins l'espace de quelques secondes, que tout cela était surtout devenu trop dangereux pour Marilyn. Et qu'elle en mourrait quelques mois plus tard.

Le Président avait aussi des soucis domestiques. Il y avait la colère de Jackie. Elle venait de subir l'outrage extrême, humiliée devant des millions de témoins. Elle s'enfuit, le mot n'est pas trop fort, dès la cérémonie achevée, laissant son mari seul face au scandale qui couvait. Elle ne voulait plus être son éternel alibi.

En grand politique, calculateur et froid, il réagit avec un flegme souriant. S'adressant à la foule, quelques secondes après que Marilyn eut terminé son hymne à l'amour, il dit, tout sourire : « Maintenant qu'on m'a chanté *Happy Birthday* aussi gentiment et aussi ouvertement, je peux me retirer de la vie politique. »

Il n'avait même pas voulu citer le prénom de Marilyn ni son nom. *On* m'a chanté. Cette fois il avait compris qu'il fallait se débarrasser au plus vite de cette femme amoureuse, trop amoureuse et donc trop dangereuse.

Pour Marilyn, qui n'allait déjà pas très fort, c'était le début d'une dégringolade fatale. La Fox décida de se débarrasser d'elle, estimant qu'elle avait largement nui à l'image de la compagnie ; tout le monde commença de lui tourner le dos.

Il y eut encore cette photo, la seule photo d'eux qui existe. Il y eut encore, après le spectacle, l'approche de Robert Kennedy au cours de la soirée donnée chez un magnat du théâtre new-yorkais. Pendant quelques minutes, il voltigea autour de la star, essayant de capter son attention. Ils eurent une conversation très privée pendant une dizaine de minutes.

Puis, à la fin de la nuit, le frère du Président entraîna l'actrice vers un ascenseur privé qui permettait de quitter discrètement l'immeuble, de là il la fit traverser le labyrinthe de tunnels menant à l'hôtel Carlyle pour rejoindre une suite où l'attendait John Kennedy.

Ce qu'ils firent ce matin-là, ce qu'ils se dirent, personne n'en sait rien officiellement. Il reste que jamais plus Marilyn Monroe ne devait revoir John Kennedy. Moins de trois mois plus tard, Marilyn était morte. Suicidée. C'est sans doute le mot exact, on pourrait aussi penser qu'elle avait été assassinée par ce qui était, de son point de vue, une magnifique histoire d'amour.

21

La mort aux trousses

Cette fois, Jackie eut du mal à lui pardonner. Il était sorti de l'habituel parcours du mari volage dont les infidélités sont généralement sans lendemain. Avec cette affaire Marilyn, les lendemains s'annonçaient nombreux. La relation supposée entre le Président et l'actrice ne faisait certes pas la une des journaux, mais elle était le principal sujet de conversation dans les milieux bien informés de Washington, de New York ou de Los Angeles. « Il n'y a pas de fumée sans feu » est aussi un proverbe américain.

Outragée, Jackie respecta malgré tout le devoir qu'elle s'imposait depuis des années : ne rien laisser paraître en public. Ou en tout cas le moins possible. Sans être gaie ni expansive, sans montrer beaucoup d'affection à son mari, elle acceptait de jouer le rôle qui lui incombait et de continuer à l'accompagner lorsqu'il en avait besoin. Il avait réellement besoin d'elle en ces temps mouvementés.

Une visite au pape Jean XXIII, au Vatican, qui donna l'impression d'une expédition triomphale, un voyage à New Delhi, accompagnée de sa sœur, et de John Galbraith, à l'époque ambassadeur américain en Inde ; à Washington, la réception d'André Malraux, le grand écrivain français qui repartait conquis :

« Elle est toujours présente quand il s'agit d'unir l'art, les États-Unis et mon pays. »

À croire qu'elle saisissait toutes les occasions possibles pour s'éloigner de son mari. La vérité était plus nuancée. Jackie restait une incontournable alliée politique pour Jack. C'est elle qui atténua la tension entre lui et le Premier ministre Nehru, charmé pendant sa visite à Washington. Surtout, elle encouragea son mari à signer avec la Grande-Bretagne et la Russie le traité d'interdiction des essais nucléaires. Certains des conseillers étaient contre, mais Jackie, qui croyait à la normalisation des relations avec l'URSS, eut le dernier mot. C'est elle, aussi, qui poussa le Président à approuver la vente de 150 millions de boisseaux de farine à l'Union Soviétique. Selon elle, la politique pouvait être parfois une simple question d'aide humanitaire. Au cœur de la Maison-Blanche, cette façon de concevoir les relations internationales n'était pas partagée par tout le monde. Mais le Président l'écoutait et il n'y avait donc plus à contester.

L'ambiance de la vie conjugale, en revanche, restera frigorifique pendant quelque temps encore. Jackie admirait Jack pour son courage, sa volonté, son humanité, et la façon dont il assumait son rôle de chef de l'État. Elle l'aimait aussi, d'un amour sincère, mais ne parvenait plus comme avant à fondre devant lui. L'affaire Marilyn était encore au cœur de leur relation.

Bientôt commenceraient à circuler les rumeurs selon lesquelles les frères Kennedy, aidés par Frank Sinatra, ne seraient pas étrangers à la mort de l'actrice. Soixante ans après, les rumeurs perdurent, d'autant plus que le suicide de

Marilyn est devenu, selon certaines théories complotistes, un assassinat.

Le dégel commença au moment où la phase la plus dangereuse de la guerre froide entre les États-Unis et la Russie s'installait. Avec la crise des missiles, la survie du monde occidental, voire de la planète, était soudain menacée.

Au matin du samedi 20 octobre, Jack téléphona à Jackie de Chicago où il effectuait un déplacement politique avant de rentrer à Washington. Elle-même se trouvait à Glen Ora avec les enfants et il lui demanda de le retrouver à la Maison-Blanche afin que la famille pût être réunie en cas d'urgence. L'urgence, en l'occurrence, c'était la crainte d'une attaque surprise imminente sur Washington. Cela signifierait à coup sûr la destruction complète de la Virginie. Ceux qui seraient conduits dans un abri souterrain secret hors de la capitale, pourraient y échapper. L'après-midi même, Jackie, Caroline et John étaient de retour à Washington.

La veille, le vendredi 19 octobre, on avait assisté à une scène étonnante : alors que le Président venait de s'engouffrer dans l'hélicoptère qui allait l'emmener sur le terrain d'aviation d'où il s'envolerait pour son court déplacement politique, il sembla rebrousser chemin, et redescendit l'escalier pour aller enlacer Jackie et l'embrasser. La présence de la Première dame n'était pas prévue, et encore moins cette scène d'intimité vécue par plusieurs témoins stupéfaits.

Enlacés, silencieux et immobiles pendant plusieurs secondes, Jack et Jackie semblaient soudain à l'écart du monde, redevenus mari et femme comme avant, mieux qu'avant. Parfois la peur peut être bonne conseillère.

Il s'agissait bien de peur car, pendant ces treize jours que dura la crise des missiles, le monde trembla réellement.

La guerre nucléaire entre les États-Unis et l'URSS, avec Cuba en toile de fond, était sur le point d'exploser et de détruire au moins une partie de la planète.

L'admiration de Jackie pour son mari allait se décupler pendant cette période. Elle le sentait à la fois porté par son sens de l'État, ses responsabilités de chef de guerre et aussi une grande humanité. Il ne lui suffisait pas de chercher à protéger les siens : s'il tremblait, c'était pour le reste du monde, les malheureux qui, en cas de guerre atomique, n'auraient aucun abri, aucune protection.

« Si nous ne pensions qu'à nous, dit-il à un de ses confidents, Dave Powers, ce serait facile. Mais je ne cesse de songer aux enfants dont les vies seraient balayées. »

Un peu plus tôt, il confiait à Pierre Salinger : « Tu sais, si nous ne parvenons pas à enrayer cette crise, des centaines de millions de personnes vont être tuées. »

Alors que le danger se rapprochait et devenait de plus en plus imminent, il demanda à Jackie d'emmener les enfants plus près de l'abri antinucléaire qui leur était destiné. Mais, selon Sorensen et O'Donnell, les deux conseillers présents à ce moment-là, Jackie refusa de laisser son mari seul à la Maison-Blanche.

Ce couple impossible était décidément toujours sur un fil, entre les menaces de rupture définitive et les preuves d'amour à la vie à la mort. Plus qu'un couple, ils formaient pourtant un alliage précieux.

Après treize jours d'angoisse, Kennedy pouvait constater que les Soviétiques n'iraient pas plus loin dans la menace. D'une certaine manière, il avait gagné en ne cédant pas à la peur. Son sang-froid, l'appui de ses conseillers, la ferveur de Bobby qui ne ménageait pas ses efforts, le calme étonnant de Jackie, solide dans la tourmente, redevenue une épouse amoureuse, au-delà des ombres, tout s'était ligué pour l'aider à traverser ce moment décisif de l'histoire de l'humanité.

Jackie, épuisée, décidait pour un temps de se mettre en retrait de ses activités de Première dame. Elle voulait se reposer et s'occuper de ses enfants. Et aussi retrouver ses chères activités d'équitation et de chasse. Il lui plaisait aussi d'être plus disponible pour son mari lorsqu'il aurait un peu plus de temps à lui consacrer.

Désormais, leur relation s'était rééquilibrée (jusqu'à quand ?) et ils semblaient de plus en plus proches d'une bonne entente.

Au mois d'avril 1963, après plusieurs semaines de démentis plus ou moins ambigus, de rumeurs jamais confirmées, Jackie permettait d'annoncer officiellement qu'elle attendait un troisième enfant. Jack était fou de joie, apprenait-on, et tout le monde décidait de se mobiliser pour que l'événement, qui devait se produire un peu après la mi-septembre, se passe dans les meilleures conditions. Chaque grossesse de Jackie, y compris celles qui s'étaient achevées heureusement, avait été accompagnée de diverses complications. Il fallait faire en sorte que celle-ci fasse exception. À trente-trois ans à peine, Jackie avait déjà encaissé beaucoup de coups.

Le couple avait décidé de louer, pour l'été, une petite maison tout près de Hyannis, mais à l'écart de la frénésie permanente qui régnait chez les Kennedy. Sur la base aérienne d'Otis, toute proche, le Président avait fait installer une maternité d'urgence, pour le cas où le bébé serait prématuré. Enfin, il apparaissait, selon les confidences aux médias, que, garçon ou fille, le Président serait très heureux d'être papa pour la troisième fois, tandis que Jackie aimerait bien avoir une autre fille, qu'elle prénommerait Susan.

Le 7 août, peu avant midi, Evelyn Lincoln entrait brusquement dans le Bureau ovale pour annoncer au Président : « Mme Kennedy est en route pour Otis. » Une heure plus tard, le Président était dans Air Force One qui l'emmenait à Boston.

Une course contre la montre était engagée. Avec cinq semaines d'avance, le bébé se présentait et sa vie était en danger. Il y a soixante ans, les techniques étaient très éloignées de celles qui, aujourd'hui, permettent aux grands prématurés de vivre tout à fait normalement. Cette fois, John Kennedy voulait être présent plus que tout, comme s'il avait enregistré que ses absences, ses manquements, en d'autres occasions tout aussi dramatiques, avaient peut-être porté malheur.

À partir du moment où il avait quitté son bureau jusqu'à ce que l'avion atterrisse et qu'il puisse atteindre rapidement l'hôpital, le Président ne parvint plus à dire le moindre mot. Pendant tout le vol, il fixa son attention sur son chapelet dont il comptait les grains indéfiniment, tout en priant. Une image déchirante.

Toute sa vie d'adulte, il avait fait preuve de la plus grande défiance envers l'Église et ses principes. Un peu par esprit de rébellion, beaucoup par paresse. Un jour il avait même ironisé sur le fait qu'être élu président, c'était aussi être condamné à aller à l'église tous les dimanches. Une activité qu'il ne pratiquait pas avec autant d'assiduité jusque-là. Perdu entre ciel et terre, abandonné à lui-même, à sa peur incontrôlable, il priait comme il ne l'avait jamais fait.

Son attention particulière pour tous les enfants, manifestée encore lors de la crise des missiles, rappelait qu'il aimait immensément ses propres enfants. Et il savait déjà de combien de larmes et de chagrin s'accompagne leur perte.

Pour affronter le pire, il s'adressait à Dieu avec à peu près autant de ferveur que le ferait sa propre mère dont il s'était quelques fois moqué.

Quand il arriva à la base aérienne d'Otis, en début d'après-midi, Jackie avait déjà donné naissance, de nouveau par césarienne, à un fils de deux kilos, dont les difficultés respiratoires étaient si importantes que l'aumônier ne perdit pas une seconde pour le baptiser.

Dans les premières heures, la vie de Patrick Bouvier Kennedy, prématuré de six semaines, ne semblait pas menacée. Il passa même quelques minutes dans les bras de sa mère avant que ses troubles respiratoires n'augmentent. Il fut alors transporté en urgence à l'hôpital des enfants de Boston pour être placé en couveuse. C'est John Kennedy qui accompagna le bébé à l'hôpital, puis à la Harvard's School of Public Health, qui possédait une chambre d'oxygène à haute pression. Tout était organisé, infirmiers et médecins se démenaient et le Président avait juste à suivre le mouvement, mais il voulait être là. Cantonné à distance de quelques mètres de son fils, sans pouvoir s'en approcher, il se refusait à l'abandonner.

En état de panique, en plus d'une grande faiblesse physique qui faisait craindre un évanouissement à tout moment, le Président resta plusieurs heures à son poste. Immobile et muet. Et comment aurait-il pu faire autrement ? Après son opération, Jackie était immobilisée, loin du bébé.

Le 8 août, Kennedy repartit voir sa femme, toujours alitée. Puis il retourna à Harvard et passa la nuit à l'hôpital. La nuit serait courte. À 2 heures du matin, à peine venait-il de s'endormir qu'on venait le réveiller pour l'alerter sur l'état du bébé. Aussitôt il se prépara pour retourner à son chevet.

Larry Newman, garde du corps du Président, qui le suivait partout, y compris dans les couloirs de l'hôpital au moment où celui-ci était en train de rejoindre son fils, témoigna de la séquence étonnante à laquelle il assista cette nuit-là :

« Nous traversions le service de pédiatrie qui était plongé dans l'obscurité. Le fils du Président se trouvait au bout du couloir dans le service des soins intensifs. En avançant, nous sommes passés par une chambre occupée par deux fillettes. Le Président a demandé de quoi souffraient ces petites. Le médecin a répondu qu'elles avaient le corps couvert de brûlures et que l'une d'elles risquait de perdre sa main. Le bavoir de l'autre avait pris feu. Elles ne semblaient pas avoir plus de trois ou quatre ans l'une et l'autre. C'était des petites filles vraiment adorables et mignonnes. John Kennedy, visiblement dans un état d'hébétude, ce qui se comprend sachant le drame qu'il vivait, a hésité un instant puis il a demandé un stylo et en silence a rédigé un petit mot pour chacune d'elles. Il n'y avait pas de photographes, juste une infirmière et moi comme témoins. Personne ne disait rien. Ensuite, sans un geste de plus, le Président a seulement souri aux deux enfants et il a continué jusqu'au bout du couloir pour retrouver son fils. J'étais sidéré. En un moment pareil, penser à d'autres, c'était incroyable. Je n'avais jamais admiré une telle humilité jusqu'alors. C'était tout simplement l'acte d'un prince. »

À 4 heures du matin, le cœur du petit Patrick avait cessé de battre.

« C'était un si beau bébé, dira le Président à Dave Powers, son conseiller. Il s'est battu vaillamment. C'est contre les lois de la nature qu'un parent enterre son enfant. »

Ce serait sans doute le seul commentaire que ferait John Kennedy après la mort de son fils. Il n'y avait plus de président des États-Unis, seulement un homme brisé. Kennedy s'assit, prit la main de son fils dans la sienne et éclata en sanglots.

Ensuite, il irait à Otis pour annoncer officiellement la nouvelle à Jackie. Les mots avaient du mal à passer. Même les larmes restaient au bout des yeux. La détresse est un sentiment qui se passe de démonstration. Les deux jours qui suivirent, il resta seul, prostré, ne voulant voir personne. Comme à chaque fois qu'il était profondément blessé, il s'isola. Il passa ces deux jours et deux nuits seul, même pour manger, ce dont il avait d'habitude horreur.

Avant même que son mari vienne à Otis pour lui annoncer la nouvelle, Jackie savait d'instinct que son enfant était mort. Ce n'était pas la première fois qu'elle vivait une telle tragédie, mais c'était sans doute la première fois qu'elle la vivait avec Jack, même s'ils étaient encore à distance. Cette fois, ils étaient réellement unis par le chagrin de la perte et, même éloignés, ils n'étaient pas étrangers.

Détruite mentalement et physiquement, Jackie était incapable d'assister à l'enterrement du petit Patrick ni au service funèbre au cours duquel officiait, comme d'habitude, leur ami, le cardinal Cushing. Loin de sa femme, ayant refusé que ses deux jeunes enfants viennent partager sa douleur, John Kennedy se trouvait une fois encore, une fois de trop, seul. Selon le cardinal Cushing, l'image de ce grand Président, effondré à un mètre de son enfant, faisait pitié. Il avait posé sa main sur le cercueil et semblait décidé à ne plus jamais l'ôter.

« J'avais peur qu'il l'emporte avec lui », dirait Cushing.

Avant que son fils soit mis en terre, John Kennedy prendrait soin de placer à l'intérieur du cercueil la médaille de saint Christophe qui lui avait été offerte par Jackie au moment de leur mariage et qu'il portait toujours sur lui. Quelques semaines plus tard, alors qu'ils célébraient leur dixième année de mariage dans la plus stricte intimité, elle lui en offrit une nouvelle, celle qu'il portait à Dallas, trois mois plus tard, lorsqu'il fut abattu en pleine rue.

22

Black Friday

« Plus ça change, plus c'est la même chose », soupirait l'écrivain anglais Somerset Maugham, d'un tempérament plutôt pessimiste. C'est bien connu, on ne change jamais. Jamais vraiment. Même quand on fait des efforts et que l'on promet.

John Kennedy avait beaucoup promis à Jackie qu'il allait changer, s'assagir, modifier son comportement. Cela était resté sans suite et l'on pouvait raisonnablement penser qu'il n'en serait rien. Ainsi va la vie. Et puis, ils avaient perdu un enfant. Ensemble.

Au lendemain de la mort de Patrick Bouvier Kennedy, deux jours sur cette terre et des regrets éternels pour ses parents, John Kennedy avait changé, à un point que personne n'aurait pu imaginer. Surtout pas lui. Il n'était plus le même, voilà tout.

Jackie quitta l'hôpital le 14 août et passa une grande partie des six semaines suivantes seule à Cape Cod où elle semblait s'enfoncer dans la dépression. Seule, pas tout à fait. L'agenda du président Kennedy révèle que dans cette même période, entre le 14 août et le 24 septembre, il avait passé plus de trente jours auprès de sa femme, soit à Hyannis Port, soit à Hammersmith Farm. En dehors des membres du personnel et de la garde présidentielle que l'on ne pouvait évidemment pas éloigner, le couple était absolument seul. Une chose qui ne leur était sans doute pas arrivée en dix ans de mariage. Le chagrin était en train de les unir pour toujours.

Cette manière de vivre un deuil est l'exact contraire de ce qui s'était passé lorsque Joseph et Rose Kennedy avaient perdu leur fils aîné, Joe. Dans un contexte aussi tragique, ils n'avaient pas pu communiquer. Et s'étaient enfermés dans leurs solitudes. Dans ces moments, tous les silences sont des musiques tristes.

John et Jackie, c'était autre chose. Les premiers jours ne furent pas propices au dialogue. Chacun semblait perdu dans ses pensées. Les mêmes, on s'en doute. Au bout d'un moment, il était visible qu'ils reprenaient vie.

Il faudrait encore plusieurs semaines pour que le Président se réinstalle dans son action de chef d'État. Il avait toujours été d'une discrétion remarquable sur tout ce qui touchait à sa vie familiale, mal à l'aise pour se livrer ou partager des émotions avec son entourage. Premier changement : il allait se confier à plusieurs de ses proches collaborateurs, à tel ou tel autre moment ou, parfois avec un seul regard ou une petite phrase qui en disait long. Il avait raison d'agir ainsi car, déjà, il brisait le silence qui s'était installé autour de lui.

Tous ceux qui l'aimaient étaient bouleversés par le drame qu'il venait de vivre et n'osaient pas aller vers lui de peur de le blesser. En entrant dans une sorte de confidence avec eux, il les mettait plus à l'aise et leur permettait de s'exprimer à leur tour. Et naturellement, il en ressentait un mieux-être.

Dans l'intimité, il prenait de plus en plus l'habitude de se tourner vers Jackie, pour se pencher sur sa détresse tout en lui faisant partager la sienne. Centimètre par centimètre, ils étaient en train de redevenir un couple, peut-être étaient-ils en train de devenir un couple plus fort.

Il était aussi plus attentif à ses enfants, à leurs activités, à leurs jeux. Un de ses collaborateurs l'avait surpris, en fin de journée, lisant une histoire à Caroline, mi-allongé sur un canapé du bureau ovale. Il montrait un intérêt nouveau pour sa femme, et ses états d'âme. Pendant des années, il s'était souvent agacé lorsqu'il la voyait boudeuse, morose. Sans tenir compte du fait que, souvent, il était le seul responsable. Désormais il faisait attention. Il avait compris que Jackie était en train de vivre une dépression sérieuse et que l'amour de son mari, sa protection devaient être présents.

Quelque chose s'était cassé en ce mois d'août terrifiant. Plus que jamais John Kennedy pensait à la mort. L'idée de la mort l'avait accompagné depuis sa tendre enfance. Il avait reçu l'extrême-onction à plusieurs reprises, avait vu disparaître son frère, sa sœur, Jackie avait perdu deux enfants avant que ne survienne la tragédie du mois d'août. On aurait pu le croire *blindé* contre le malheur, au contraire, il paraissait chaque jour un peu plus fragile.

Il avait si souvent dit qu'il mourrait jeune – sans doute d'un accident de voiture –, il avait si souvent constaté que ses diverses maladies et son état de santé général lui interdisaient l'espoir d'atteindre un jour un âge avancé, mais là c'était encore autre chose.

« J'ai l'impression que la mort frappe de plus en plus près de moi », confia-t-il un jour à Ben Bradlee. Même son métier ne l'animait plus comme avant. Depuis des années, il s'était bien pris au jeu mis en place par son père : la conquête du pouvoir. Il avait avant tout vécu pour la politique, pour son ascension irrésistible, et depuis le 20 janvier 1961, pour être digne de représenter le pays qui l'avait porté à son sommet. Désormais, ses défis pouvaient paraître plus modestes, même s'ils étaient sans doute plus ambitieux. Il voulait consoler Jackie, essayer de la faire sourire, tenter de chasser aussi dans son cœur la tristesse infinie qui ne le quittait plus. Il avait envie d'être un homme simple et un mari attentionné. Et dans son cas, c'était sans doute le plus grand challenge.

« Pour la première fois, tout ce que Jack faisait et disait trahissait sa volonté de consoler sa femme », racontait Ben Bradlee.

Dans ces semaines et celles qui suivirent, ils semblaient plus proches l'un et l'autre qu'ils ne l'avaient jamais été. Il leur arrivait même, et c'était une première, de s'enlacer en public. Ils faisaient du bateau ensemble, se téléphonaient plusieurs fois par jour. Ils étaient mari et femme.

Il n'y eut même pas de tension lorsque Jackie souhaita rejoindre sa sœur, Lee, en Grèce, pour deux semaines. En vacances à Athènes chez son ami, le milliardaire grec Aristote Onassis, Lee s'inquiétait de l'état dépressif de Jackie et pensait que soleil, mer bleue et séjour luxueux dans les eaux grecques lui feraient du bien. Onassis avait proposé de mettre son yacht à la disposition de la Première dame.

L'idée gênait le Président car Onassis, armateur richissime, était en délicatesse avec plusieurs autorités de contrôle financier aux États-Unis. Il était suspecté d'avoir bâti sa fortune grâce à des opérations bancaires illégales. Et, plus généralement, de ne payer d'impôts nulle part. Que Jackie Kennedy soit invitée sur son yacht pouvait indisposer beaucoup de monde. Mais Jack était d'abord décidé à faire plaisir à sa femme.

Le 1er octobre, elle s'envolait pour la Grèce et un séjour qui ferait le bonheur des pages mondaines et des journaux à sensation. On la vit, entourée de mondains en tous genres, se baigner en bikini, faire des emplettes dans des boutiques de luxe et sourire souvent. C'était beaucoup, jugeait-on le plus souvent, pour la femme d'un président des États-Unis qui venait de perdre un enfant.

À son retour, le 17 octobre, le scandale était sur le point d'éclater, l'opposition réclamant l'ouverture d'une enquête. Le lien créé avec ce *bandit* d'Onassis ne passait pas. Mais dès qu'elle eut enlacé son mari et ses enfants, l'Amérique oublia ses griefs. Elle avait apparemment laissé sa dépression derrière elle et retrouvé sa famille avec bonheur. La morale était sauve.

Poussé par Jackie, Kennedy se remobilisa dès le mois d'octobre 1963 et commença à travailler en vue de la campagne de réélection qui l'attendait. Plus qu'un an. La présidentielle de 1964 était toute proche.

Ses deux plus grands succès, la crise des missiles et le traité d'interdiction des essais nucléaires, appartenaient au domaine des affaires étrangères. Or il est bien connu que souvent les présidents sont élus ou réélus grâce leurs succès de politique intérieure. Même si l'économie était en plein essor, le taux de chômage restait élevé. Le Président venait de faire passer une nouvelle loi de finances sur les investissements qui devait favoriser les entreprises et, il l'espérait, créer des emplois, mais cela prendrait du temps. Or il fallait frapper vite et fort.

Il devait commencer sa campagne par le Texas, là où il n'était pas attendu comme un ami. Sa politique anti-ségrégation, en faveur des droits civiques de la population noire, n'enthousiasmait pas les Texans, c'est le moins que l'on puisse dire. Mais il fallait en passer par là, car l'État du Texas serait un élément crucial lors des élections prochaines, comme il l'avait été en 1960. Selon les sondages, les démocrates et les républicains y étaient au coude à coude.

Kennedy savait qu'il n'avait pas le choix, et aussi qu'il n'était pas au mieux de sa forme. Son dos le faisait de plus en plus souffrir, la ceinture de soutien qu'il portait depuis des années ne suffisait plus. Maintenant il avait un corset semi-rigide qui allait de la taille aux aisselles.

En revanche, il avait une nouvelle arme fatale qu'il comptait bien utiliser : Jackie. Avant l'été, il lui avait demandé si elle l'accompagnerait au Texas et elle avait refusé. D'une manière générale, elle méprisait les politiciens et avait horreur de faire campagne. En plus, se donner en spectacle chez ces Texans racistes ! C'était trop pour elle. Entre-temps, il y avait eu la mort de Patrick, son hospitalisation, et le rapprochement entre les époux.

« Je t'accompagnerai partout, à chaque fois que tu me le demanderas », répondit-elle sans ambiguïté. Le message était clair. Ils étaient donc partis ensemble pour le Texas.

Depuis Washington, l'avion présidentiel avait déjà fait halte à San Antonio et à Houston avant de se poser à Fort Worth. Là, Kennedy avait usé à nouveau d'une petite plaisanterie qui avait eu son pesant de succès lors du voyage à Paris : « Je suis le type qui accompagne Jackie Kennedy au Texas. »

Quand il quitta Fort Worth pour Dallas au matin du 22 novembre 1963, le Président avait eu le temps de lire le journal du matin, le *Dallas Morning News*, lequel, sur une pleine page bordée de noir, posait douze questions pour lesquelles il exigeait une réponse : Pourquoi Kennedy accepte-t-il que l'on vende de la nourriture américaine aux communistes qui tuent des soldats américains au Sud-Vietnam ? Est-il vrai qu'il a signé un pacte avec le Parti communiste américain ? Pourquoi autorise-t-il son frère[1] à persécuter de « loyaux Américains » ? Et ainsi de suite. Halluciné, il se tourna vers Jackie et lui dit : « Eh bien, nous voilà chez les fous ! »

Pour mémoire, Adlai Stevenson, le patron du Parti démocrate, était venu à Dallas un mois plus tôt et y avait été accueilli par une foule hostile qui l'avait bousculé et lui avait même craché dessus. Quelqu'un l'avait frappé. Les Texans n'aimaient vraiment pas les démocrates, façon Kennedy, qu'ils considéraient au mieux comme un socialiste. Un gros mot pour eux.

Ce vendredi matin, la une du quotidien avait jeté un froid. Même le Président ne chercha pas, comme d'habitude, à sous-estimer les menaces. Et même, il en vint à exprimer une pensée dont on savait depuis longtemps qu'elle ne le quittait jamais :

« Si quelqu'un veut me tirer dessus depuis une fenêtre, personne ne pourra l'en empêcher. »

En un quart d'heure, Air Force One le conduisit à l'aéroport Love Field à Dallas ; à partir de là, il était prévu qu'il suive un parcours à travers la ville et se rende à un déjeuner dans un grand centre commercial, le Trade Mart, pour

---

1. Bobby Kennedy, secrétaire d'État à la Justice.

collecter davantage de fonds. Quand ils quittèrent l'aéroport dans la limousine, Jackie mit ses lunettes de soleil. Jack lui demanda gentiment de les enlever :

« Quand tu es dans une voiture comme celle-ci, dans une parade, si tu portes des lunettes noires, autant rester chez toi. »

Il régnait une chaleur terrible ce jour-là, et le soleil très haut dans le ciel frappait fort. Tout le monde était plus ou moins aveuglé, d'où les lunettes de soleil que Jackie essaierait à nouveau de mettre avant que Jack n'intervienne une deuxième fois. Il avait refusé un toit et choisi une limousine décapotable, malgré le danger, et tout le monde sentait ce danger. Lui aussi le sentait, mais il n'était pas prêt à se défiler. Personne n'avait prévu une telle affluence : plus de 250 000 personnes venues là pour voir passer le Président et son épouse, mais chacun se doutait que la moitié de la foule au moins était là pour Jackie et pour elle seule.

La vitesse de la Lincoln était inférieure à 20 km/heure lorsqu'elle longea le bâtiment du Texas School Book Depository. À une fenêtre du sixième étage, Lee Harvey Oswald, ancien soldat des Marines mis à pied, attendait, un fusil bon marché dans les mains. Il leva l'arme et visa. Agissait-il seul ? Savait-il qu'il n'était pas seul ? Y avait-il d'autres tireurs ? Soixante ans après, personne n'a jamais pu répondre formellement et preuves à l'appui à toutes ces interrogations.

La voiture continua de rouler. Jackie eut à nouveau le soleil dans les yeux et remit machinalement ses lunettes.

« Enlève-les, Jackie ! » Jack souriait toujours, il faisait des signes de la main à la foule.

La première balle d'Oswald toucha Kennedy à la nuque, traversa la trachée et ressortit au niveau de la gorge, perçant le nœud de sa cravate. « Mon Dieu je suis touché ! » Comme la plainte d'un enfant.

Oswald tira à nouveau. La balle manqua son but. Puis il tira une troisième fois.

« Tout ce dont je me souviens, c'est d'avoir regardé mon mari, racontera Jackie à la commission Warren en juin 1964. Il avait cette sorte de regard perplexe, et sa main se leva, cela devait être sa main gauche. »

23

Le rose et le noir

À l'hôpital de Parkland, on demanda d'abord à Jackie d'attendre à l'extérieur de la salle d'opération tandis que les médecins poursuivaient des efforts que tout le monde savait vains, pour sauver le Président. Elle insista pour entrer dans la salle d'examen :

« Vous croyez que la vue du cercueil peut me perturber, docteur ? J'ai vu mon mari tué dans mes bras. Son sang est partout sur moi. Comment puis-je voir quoi que ce soit de pire que ce que j'ai vu ? »

Sans écouter les protestations du personnel médical, elle força le passage pour entrer dans la pièce où reposait le corps de Kennedy et elle ôta son alliance avant de la passer doucement au doigt de John.

Sur le vol du retour à Washington, elle insista pour s'asseoir à côté du cercueil. Et n'en bougea pas. Elle se leva seulement pour se tenir auprès de Lyndon Johnson qui était amené à prêter serment en plein vol, comme l'exige la loi. Les États-Unis ne pouvaient rester sans président, pas même une heure.

Elle semblait ahurie, les yeux secs, mais encore capable de dire un mot gentil à Lady Bird Johnson qui ne savait comment lui venir en aide.

« Oh ! Lady Bird, nous vous avons tellement aimée tous les deux. Oh, si je n'avais pas été là ! Je suis si contente d'avoir été là ! »

C'étaient des paroles sans grande cohérence, mais on pouvait déduire du dernier mot que dans son malheur, elle avait le réconfort d'avoir été présente jusqu'au bout auprès de son mari. Les remords et les regrets viendraient plus tard.

L'épouse du nouveau Président avait remarqué que les gants de Jackie étaient recouverts d'une épaisse couche de sang séché, ainsi qu'une de ses jambes et aussi son tailleur, qui en était tout éclaboussé :

« Je lui ai demandé si je ne pouvais pas appeler quelqu'un pour l'aider à se changer, mais elle m'a répondu, sur un ton presque hargneux qui en tout cas n'admettait pas de réplique :

— Je veux qu'ils voient ce qu'ils ont fait à Jack.' »

C'était devenu une obsession qui ne la quitterait pas pendant plusieurs jours. Le monde entier devait voir ce qu'*ils* avaient fait à son mari en effet. Et Jackie n'ôta pas son tailleur rose avant l'aube du lendemain, quand elle fut de retour à la Maison-Blanche. Lui substituant une robe noire.

Dans sa manière de concevoir l'ordonnancement des obsèques, il y aurait la même obsession. Le samedi, le corps du Président reposait à la Maison-Blanche et le dimanche, au Capitole. C'est ce même jour que Lee Oswald, l'assassin, fut lui-même assassiné.

Personne ne s'attendait à ce qu'elle décidât en personne de l'organisation des obsèques. Il s'agissait de funérailles nationales concernant un président des États-Unis assassiné.

Elle-même n'était plus la Première dame, juste une jeune femme de trente-quatre ans, déroutée, perdue, effarée pour le reste de son existence à cause des moments qu'elle venait de vivre.

On aurait pu comprendre que cette jeune veuve se réfugie dans le désespoir et refuse de ne s'occuper de rien d'autre que ses deux enfants. Tout le reste aurait pu lui passer au-dessus de la tête. Elle avait l'opportunité de se réfugier dans les anxiolytiques, somnifères puissants et autres tranquillisants. Et plonger dans une dépression qui n'en finirait pas, telle une protection ouatée.

Cela ne serait pas le cas, car elle ne le voulait pas. Plus tard, peut-être. Pour le moment, il fallait agir. C'est elle qui allait prendre en charge tout le protocole, jusqu'au moindre détail, ne cédant sur aucun point. Ces funérailles devraient rendre un hommage inoubliable à son mari, que le monde entier puisse les voir. C'était son obsession : montrer ce qu'on avait fait à son mari et témoigner de sa grandeur à travers ses glorieuses obsèques. Elle ne s'arrêterait plus.

Inutile de préciser que quelques dizaines de personnes haut placées, présidence, service du protocole, staff, conseillers, services secrets, FBI, avaient d'abord songé à l'évincer des préparatifs. Ils avaient dû renoncer. On lui avait volé son mari, on ne lui volerait pas son adieu.

Dès les premières minutes qui avaient suivi la tragédie, elle avait pris sa décision. Déjà, dans Air Force One, l'avion présidentiel qui la ramenait, de Dallas à Washington, avec le corps de Jack et le nouveau Président, Lyndon Johnson, elle communiquait par téléphone avec les principaux membres du staff de la Maison-Blanche pour commencer d'évoquer les diverses cérémonies et les funérailles. Cette jeune veuve en tailleur ensanglanté se muait en chef du protocole. Pendant trois jours, elle veillerait jusqu'au plus infime détail.

Déjà, elle souhaitait que la cérémonie soit humble, à l'image des funérailles d'Abraham Lincoln, le grand Président assassiné lui aussi. Le samedi, elle s'agita toute la journée, architecte de la tragédie, donnant des consignes, fantôme silencieux mais suractif, veillant à tout et réglant le monde des vivants. Elle décida du protocole de tous les services du week-end, y apparaissant, muette, tout de noir vêtue, tenant la main de ses deux enfants. D'une certaine façon, elle tenait aussi la main de Jack et celles de dizaines de millions d'Américains. Ils l'avaient aimée dès les premiers jours, et commencèrent à l'idolâtrer dans un élan de passion furieuse qui ne finirait sans doute jamais.

Ces instants étaient névrotiques, comme si le monde s'était arrêté pour se mettre aux ordres de cette jeune femme, elle-même hallucinée par sa mission. Il fallait que chacun, d'un bout à l'autre de la terre, sache ce que l'on avait fait à son mari et frémisse devant son ultime célébration.

Les plus puissants chefs d'État, les rois et reines seraient réunis pour marcher derrière le cercueil de Jack, une façon de s'incliner devant sa mémoire éternelle. Ce n'était pas un souhait, pour une fois, mais une exigence.

Après le service funèbre dans la rotonde du Capitole, le président Johnson plaça une couronne de fleurs au pied du cercueil recouvert de la bannière étoilée. Puis Jackie s'approcha lentement, Caroline à ses côtés. Elle s'agenouilla pour prier et, tandis que Jackie se penchait pour embrasser le cercueil, la petite fille glissa sa main sous le drapeau touchant le bois. Chacun de ces moments était retransmis en direct par cent vingt-trois télévisions, des centaines de millions de personnes pouvaient y assister et ne les ont jamais oubliés.

Ensuite la procession se mit en marche. Jackie avait voulu marcher derrière un caisson tiré par six chevaux et surplombé du cercueil, recouvert du drapeau américain. Derrière, marchait un cheval sans cavalier, avec les bottes renversées dans les étriers, symbole d'un leader tombé. Le cercueil était tiré par la même prolonge d'artillerie que celle qui avait transporté le corps de Franklin Roosevelt à sa dernière demeure en 1945.

Le FBI, les services secrets, Bobby Kennedy, encore secrétaire d'État à la Justice, le président Johnson, tout le monde avait voulu dissuader Jackie de se placer en tête d'une procession qui verrait défiler sur une très longue distance plus d'une centaine de chefs d'État et de monarques, d'environ soixante-dix pays dans le monde. Aller à pied, tête nue, sans même la protection d'un toit de voiture en plexiglas, c'était prendre un risque insensé dans un pays où le Président venait d'être assassiné en pleine rue. Jusqu'au dernier moment, tous tentèrent de dissuader Jackie. À l'époque, le général de Gaulle était lui-même menacé en France, où la guerre d'Algérie venait de s'achever. Il avait échappé à plusieurs tentatives d'assassinat par l'OAS et l'idée de le voir avancer à découvert dans les rues de Washington faisait plus qu'effrayer les services secrets. Mais Jackie ne voulait rien entendre :

« Si le général de Gaulle a peur de marcher dans la rue, qu'il monte dans une voiture blindée, ce n'est pas mon affaire. »

Rien n'avait été laissé au hasard. Pour cette jeune veuve, la cérémonie était un moyen de prouver l'importance de

Kennedy en tant que leader politique, et au-delà de le relier à Abraham Lincoln et Franklin Roosevelt. De Gaulle, comme tous les autres chefs d'État, décida de marcher derrière cette femme courageuse, fière et qui, à ce moment de son existence, ne semblait plus rien craindre.

Plus tard, le président français aura ce commentaire, à propos de Jackie et de la cérémonie des funérailles : « Elle a appris au monde entier comment on portait le deuil. »

Le jour des obsèques de John Kennedy resta un moment inoubliable, exactement comme elle l'avait voulu. 250 000 personnes suivaient le cortège funèbre. Gorgée de tranquillisants, tenant la main de Bobby, son beau-frère, et couvrant de son amour ses deux enfants, elle avançait, digne, hors du temps.

Elle avait accueilli personnellement chacun des chefs d'État et monarques venus à Washington, remercié les cent quatorze membres du staff de la Maison-Blanche et n'avait laissé à personne le soin d'allumer la flamme sur la tombe de son époux avant de retourner à la Maison-Blanche pour y fêter l'anniversaire de son fils. Deux jours plus tard ce serait celui de Caroline, célébré lui aussi, comme si c'était la chose la plus normale du monde en ces jours de larmes.

Ce n'était pas une façon de dire que la vie continuait, car sa propre vie s'était arrêtée le 22 novembre à 12 h 30. Une autre vie commençait pour Caroline et John-John, ses deux trésors, le véritable héritage que lui laissait son mari. Comment pourraient-ils survivre à une telle tragédie ?

Jack et Jackie avaient aimé ces enfants ensemble, passionnément, elle continuerait seule mais portée par l'esprit de Jack et son amour dont elle ne douterait plus jamais.

24

L'un sans l'autre

C'était un amour tout neuf, baigné dans le sang de Jack. Un amour immaculé, malgré tout, car il ne restait rien des reproches, des colères, des ressentiments. Elle aimait à nouveau son mari, qui venait de mourir, comme on aime un enfant qui vient de naître. Il était sans tache, innocent, et elle allait faire en sorte que rien ne vienne le salir. Il resterait pur, elle y veillerait.

Elle s'attacherait aussi à ce que rien ne vienne souiller sa gloire, son œuvre visionnaire, ses réalisations, ses réussites merveilleuses. Le monde apprendrait à vénérer la noblesse de son âme. Et à l'aimer comme il avait aimé les hommes. Aucun scandale ne viendrait le salir, aucune révélation sulfureuse ne pourrait abîmer l'image sacrée.

À tous ceux qui, au fil des années, avant et après la mort de John Kennedy, se sont plu à décrire une Jackie surtout préoccupée d'elle-même, elle avait donné depuis le 22 novembre une réponse cinglante. Plutôt que de s'appesantir sur son propre chagrin, de se préoccuper de ce que serait désormais son avenir, elle semblait obsédée jusqu'à l'hallucination par l'image qui resterait de Jack. Le reste ne comptait pas.

Après les obsèques, dans une mise en scène grandiose, les jours suivants elle demanderait qu'une plaque soit placée dans sa chambre à côté d'une autre plaque commémorant la présence d'Abraham Lincoln à la Maison-Blanche, avec ces mots gravés : « Dans cette chambre ont vécu John Fitzgerald Kennedy et sa femme pendant les deux ans, dix mois et deux jours qu'il fut président des États-Unis, du 20 janvier 1961 au 22 novembre 1963. »

Jackie, elle-même, avait fait table rase de tout ce qui avait pu abîmer leur mariage pendant les dix années écoulées, jusqu'à le placer au bord du précipice. Les adultères, les insultes, les menaces de divorce, les humiliations répétées, tout cela n'existait plus. D'ailleurs, cela n'avait jamais existé. Il lui fallait inventer une nouvelle vie, d'autres souvenirs qu'elle caresserait inlassablement jusqu'à ce qu'elle puisse croire qu'ils étaient vrais. Et que la terre entière le croit aussi.

C'était une forme de folie, c'était aussi la seule manière de continuer à vivre en aimant Jack plus et mieux qu'elle ne l'avait fait pendant dix ans. Il fallait aussi protéger ses enfants, c'était son autre mission.

Tandis que le monde entier louait les vertus de John Fitzgerald Kennedy, beaucoup grâce aux actions de sa veuve exaltée, elle tentait de fuir la dépression qui guettait comme un fauve prêt à mordre. Et pourrait la dévorer.

Au cœur de ses nuits blanches revenaient mille questions sur ce qui aurait pu se passer si la vie avait été différente, si elle-même avait été autrement. Des pensées insensées. Elle n'avait pas la réponse. Remords et sentiment de culpabilité, cela, au moins, c'était du solide. De quoi la ronger jusqu'à la fin de ses jours.

« Aurais-je pu le sauver ? » était la question qui revenait sans cesse dans son esprit. Une question dérisoire qui, bien entendu, ne comportait aucune réponse. Elle repensait aussi à leurs disputes, parfois sauvages, à ces moments où elle lui avait souhaité le pire. Sans doute lui avait-elle même souhaité de mourir… Cette idée la révulsait.

Avait-elle fait tout son possible avec Jack ? L'avait-elle aimé comme il le fallait ? Elle l'avait aimé énormément, trop peut-être, mais le lui avait-elle vraiment montré ? Avait-elle suffisamment pardonné ses errements ? Avait-elle été trop dure avec lui ? Elle n'avait pas la réponse, mais elle était sûre qu'elle aurait pu mieux faire.

Toute sa vie à venir devrait être dirigée vers un seul objectif, désormais : rattraper ses erreurs envers Jack. Ce n'était pas très cohérent. Elle avait été plutôt une bonne épouse, mais dans ces moments elle ne voulait rien entendre.

Dans les années à venir, elle ferait tellement de choses pour la mémoire de Jack. Se dévouant corps et âme pour que brûle la flamme. Elle avait fait mieux le vendredi 29 novembre au matin, exactement une semaine après l'assassinat de son mari.

Ce jour-là, elle avait téléphoné à Theodore White, un journaliste de *Life Magazine* en lequel elle avait confiance (il avait écrit un livre relatant la campagne présidentielle de Kennedy). Jackie lui avait donné rendez-vous en urgence à Hyannis Port où elle était venue passer de tristes fêtes de Thanksgiving avec la famille Kennedy.

Le journaliste ne savait pas pourquoi il était ainsi convoqué. Mme Kennedy voulait lui faire une annonce ainsi qu'à la nation, et elle voulait le faire par le biais de *Life Magazine*. C'est la seule information qui lui avait été communiquée.

Theodore White arriva tard cette nuit-là, et tout de suite Jackie congédia quelques parents et amis qui l'entouraient. D'une pâleur de cendre, les yeux secs, elle ressemblait à une statue. Sans préambule, elle commença à parler, dévidant un long discours qui semblait avoir été appris par cœur, même si ça n'était pas le cas. Elle fixait le journaliste sans le voir et ne butait sur aucun mot, prenant à peine sa respiration :

« Elle voulait s'assurer que Jack aurait sa place dans l'Histoire, raconta Théodore White, et souhaitait que sa postérité échappe à la mesquinerie de tous les gens amers. Elle ne voulait surtout pas que Jack soit livré aux historiens, il valait mieux que cela. »

Récapitulant les événements marquants de la vie de son mari, elle tentait, au fur et à mesure, de faire revivre la magie et la grâce qu'elle avait vues en lui. Pour le journaliste elle décrivit, comme elle le ferait quelques mois plus tard devant la commission Warren[1], l'horreur qu'avaient été les secondes de l'attentat. Et puis, comme elle l'avait sans doute mûrement réfléchi, elle en venait au sujet qui lui tenait le plus à cœur.

« Il y a une chose que je voulais dire Cela m'a presque obsédée. Je ne cesse de penser à cette phrase d'une comédie musicale. La nuit, avant de nous endormir, nous avions ce vieux Victrola[2]. Jack aimait écouter des disques… Et la chanson était à la fin de ce disque, la deuxième face de *Camelot* : "Surtout que l'on n'oublie pas qu'il y eut autrefois un endroit, pour un bref et grand moment, connu sous le nom de Camelot." Il n'y aura jamais d'autre Camelot. »

1. Chargée de l'enquête sur l'assassinat de Kennedy.

2. Marque d'électrophone.

Quelque peu décontenancé, le journaliste notait scrupuleusement. Et Jackie continuait.

« Savez-vous ce que je pense de l'histoire ? J'ai longtemps été convaincue qu'elle était le domaine de vieux messieurs amers. Mais Jack adorait l'histoire Ce petit garçon malade et solitaire... la scarlatine... ce petit garçon malade tellement souvent, lisant au lit, lisant des livres d'histoire... lisant *Les Chevaliers de la Table ronde* et il aimait tout simplement cette dernière chanson.

« Puis j'ai pensé, car l'histoire de Jack était pleine de héros . Les hommes sont un tel mélange de bien et de mal... C'était un homme si simple. Mais il était également si complexe. Jack avait cette idée héroïque de l'histoire. Cette vision idéaliste, mais il avait cet autre versant, le côté pragmatique. Ses amis étaient ses amis de toujours. Il adorait sa mafia irlandaise. »

Avec ses mots, bien à elle, ses images sorties de ses cauchemars, Jackie réussissait sans doute à expliquer, mieux que personne, qui était son Jack Kennedy.

Theodore White résuma ainsi cette étrange nuit : « Ce que m'a dit Jacqueline Kennedy, c'était comme un message. S'il vous plaît, madame l'Histoire, soyez gentille avec John Fitgerald Kennedy, ne le laissez pas entre les mains de vieux messieurs amers. »

Après quatre heures d'entretien, ils avaient terminé et le journaliste pouvait commencer à écrire, rédigeant fiévreusement l'article qui devait paraître une semaine plus tard dans *Life*.

« Elle voulait que *Camelot* donne sa couleur au récit, raconta-t-il. *Camelot*, des héros, des contes de fées et des légendes. »

Elle avait réussi, le conte de fées était devenu un nom de baptême. Depuis, lorsqu'on évoque l'ère Kennedy on évoque *Camelot*, comme un hommage sans réserve.

Il fallut encore quelques années pour que certaines failles dans le comportement de John Kennedy commencent à être jugées indignes du mythe de *Camelot*. Mais cela, c'était une autre histoire, celle dont Jackie Kennedy ne voulait plus entendre parler.

Cela pouvait faire ricaner quelques mauvais esprits, reprochant à Jackie de jouer les veuves éplorées alors que son mariage avec Jack ne marchait pas si bien, mais plus rien ne pouvait l'atteindre. Elle s'était cloîtrée dans une vie uniquement consacrée à ses enfants et au souvenir de son mari. C'était peut-être une mise en scène, mais ça lui convenait ainsi. À l'intérieur d'elle-même bourdonnaient les questions auxquelles elle ne pouvait pas répondre. La religion était un baume, pas toujours suffisant, même si de plus en plus elle s'appuyait sur sa foi pour tenter de trouver un peu de repos.

Le 4 décembre 1963, quelques jours après l'enterrement de Kennedy au cimetière d'Arlington, Jackie se rendit à la nuit et dans le plus grand secret au cimetière pour assister à la remise en terre d'Arabella et de Patrick, leurs deux enfants morts, pour qu'ils reposent auprès de leur père.

Quelques semaines plus tôt, le Président du pays le plus puissant du monde s'était recueilli en secret sur la dépouille de Patrick. Il était lui-même comme un enfant abandonné. « Il est bien seul », avait-il commenté. Désormais, Patrick n'était plus seul.

Lorsque John Kennedy avait accédé à la présidence, l'une des premières déclarations de Jackie avait été pour préciser qu'elle serait d'abord mère et épouse et, ensuite seulement, Première dame.

« Si vous ne réussissez pas à élever correctement vos enfants, je ne pense pas que quoi que vous fassiez correctement ait encore de l'importance. » Désormais elle n'était plus que mère, et elle voulait y consacrer sa vie. L'un sans l'autre…

Dans les années qui suivirent l'assassinat de son mari, Jackie ne se montra que rarement en public. Sans rompre brusquement avec les Kennedy, elle s'en éloigna, ne gardant des liens forts qu'avec son beau-frère, Bobby. Elle participa à quelques événements officiels ou inaugurations, lorsque ceux-ci étaient destinés à rendre hommage à la mémoire de Kennedy.

Le 5 juin 1964, elle était amenée à témoigner devant la commission Warren qui enquêtait sur la mort du Président, le 22 novembre 1963. Elle souhaitait décrire l'aspect des blessures infligées à son époux par les balles reçues. Il s'agissait d'un témoignage important, car une polémique était née sur la direction des balles tirées et la possibilité qu'il y ait eu plusieurs tireurs. Polémique qui, aujourd'hui encore, soixante ans après les faits, existe toujours.

De manière surprenante, Earl Warren, le président de la commission, et le conseiller Rankin se refusèrent à lui poser des questions à ce sujet, considérant que c'était trop douloureux.

Obstinée, Jackie confirmait sa volonté de témoigner malgré tout. Ce fut un moment de gêne, mais elle obtint gain de cause. Elle témoigna, mais on ne sait toujours pas quelle vérité est sortie de son récit. En effet, dans le rapport Warren tel qu'il a été publié, sa description spontanée des blessures de son époux a été remplacée par une étrange mention : « Références aux blessures supprimées. »

La description intégrale donnée par Jackie ne pourra être connue qu'en 2039 à l'expiration d'un délai de soixante-quinze ans, déterminé par la commission Warren, pour des raisons de sécurité nationale.

Au-delà de l'ambiguïté de ce rapport et du secret imposé au témoignage de Jackie, on remarque surtout à quel point elle a voulu, après la mort de son mari, continuer de servir sa mémoire. Avec l'éducation de ses enfants, et leur protection, c'était sa seule raison de vivre. Ça ne la rendait pas heureuse pour autant. La vie était un défi de tous les jours, épuisant. Si Jack avait été la lumière de son existence, comme elle semblait le découvrir, il fallait bien convenir que la lumière était éteinte. Et que tous les efforts du monde ne la rallumeraient pas. L'avenir était un couloir obscur, parsemé de larmes, de tranquillisants et d'idées sombres.

À l'automne de l'éprouvante année 1964, un an après la mort de John Kennedy, Jackie jouait au tennis avec le père Richard McSorley, un théologien jésuite de l'université de Georgetown, à Washington, auprès duquel elle quêtait régulièrement un peu de réconfort.

À la fin de la partie, comme souvent, elle engagea une conversation autour de son mari défunt.

« Mon plus profond regret est de ne pas avoir eu l'occasion de dire au revoir à Jack avant qu'il meure. J'en ai été empêchée, mais je pense qu'il savait que je l'aimais. »

Au cours de ses nombreux entretiens avec le père McSorley, Jackie n'avait pas caché qu'elle avait pensé au suicide. L'idée était revenue à plusieurs reprises. Parfois, elle s'appuyait sur l'amour de ses enfants, tout ce qu'elle pouvait apporter, aussi ses efforts pour protéger et même faire briller le souvenir de Jack. Puis, très vite, elle sombrait à nouveau dans une forme de désespoir. Alors, elle avait le sentiment de n'être utile à personne, ni à elle-même, ni à ses enfants, ni à Jack.

Un jour, elle était allée jusqu'à demander au prêtre :

« Accepteriez-vous de prier pour que je disparaisse ?

— Oui, si c'est votre volonté, répondit le père. Tout le monde a le droit de vouloir la mort. Par contre, le suicide est un péché mortel qui mène à la damnation éternelle. Si vous vous tuez, vous perdez tout espoir de retrouver Jack au paradis.

— Je le sais. Et je ne le ferai jamais. Je sais que c'est mal. Ce n'est qu'une façon de fuir. »

25

Toute une vie

Elle en était convaincue depuis longtemps, personne n'est promis à un bel avenir. Elle, encore moins que quiconque. Tout en sachant qu'elle ne se remettrait jamais, Jackie avait le sentiment que quelque chose était né le 22 novembre 1963, qui l'aiderait à endurer jusqu'à la fin l'insoutenable peine.

Ce qu'elle avait vécu avec la mort de John, sa tête ensanglantée sur son tailleur Chanel, ses matières cervicales qu'elle avait tenté, en un geste fou, de réintroduire dans l'horrible orifice, tout ce cauchemar, c'était aussi une blessure d'amour. De celles qui ne laissent pas de cicatrices. Elles laissent seulement des souvenirs et c'est douloureux plus longtemps.

On le sait, Jackie avait la fâcheuse manie de se ronger les ongles lorsqu'elle était stressée. Dans sa vie avec Jack, elle l'était souvent. Dans les années qui suivraient l'assassinat, sa vie, toujours baignée de tristesse, devenait aussi plus régulière, presque sereine. Et l'habitude de se ronger les ongles s'était atténuée. Mais tous les ans, au cours des deux jours précédant Thanksgiving – qui coïncidaient généralement avec le dernier week-end de John Fitzgerald Kennedy sur cette terre –, elle se les rongeait jusqu'au sang.

Tandis que le monde entier louait avec de plus en plus de ferveur les vertus du Président assassiné – beaucoup grâce à elle et à ses efforts pour protéger son image –, Jackie ne pouvait s'empêcher de se rappeler les humiliations qu'elle avait subies au quotidien à cause de ses infidélités. Chaque année à la même époque, la colère et la rage ressenties au cours de leur vie commune refaisait surface, menaçant de la submerger. Des émotions qui bataillaient avec le sentiment d'amour partagé qui l'habitait de plus en plus pleinement. C'était un grand désordre dans sa tête et dans son cœur, comme un courant violent. Tout cela bouillonnait jusqu'à ce qu'elle ne voie plus clair à l'intérieur d'elle-même.

Ce n'était pas tout. Elle se débattait aussi avec un puissant sentiment de culpabilité et de honte, en pensant à la rancune qu'elle éprouvait encore parfois pour Jack. Lorsqu'elle se remémorait les profonds changements qui s'étaient produits entre eux les dernières semaines précédant sa mort, cela devenait même insupportable. Ils étaient en voie d'harmonisation, d'un rapprochement irrésistible, ils étaient sur le point de commencer une nouvelle vie, en oubliant tout ce qui avait transformé leur ancienne existence en enfer. Ils avaient été un couple impossible, inadapté à la vie conjugale. Ce n'était plus vrai.

Certains témoins se souvenaient qu'en descendant d'Air Force One sur le Love Field[1] de Dallas, Jackie tenait la main de son mari, ce qu'elle ne faisait jamais d'habitude. Elle était plus amoureuse de Jack qu'elle ne l'avait été ces trois dernières années ; et lui, à sa manière, n'avait jamais cessé de l'aimer.

---

1. Nom de l'aéroport de Dallas.

Les années passaient, ponctuées d'événements toujours douloureux, qui revenaient pour certains régulièrement. Premier anniversaire, deuxième anniversaire, troisième anniversaire... Celui de l'assassinat de John Kennedy tombait chaque année à la période de l'Avent, une fête que les chrétiens considèrent comme un temps de prière et de jeûne.

Jackie faisait-elle des efforts ? En tout cas, elle parlait peu de cette journée funeste à Dallas, et quand elle abordait le sujet avec ses proches, elle laissait toujours entendre qu'elle ne croyait pas à la seule culpabilité de Lee Harvey Oswald. Pour elle, il s'agissait d'un complot. Pour ceux qui la connaissaient bien, il n'était pas difficile de comprendre pourquoi elle défendait cette thèse : son mari ne pouvait pas être mort à cause d'une négligence de sécurité. Selon elle, un tireur isolé n'aurait eu que peu de chances d'atteindre John Fitzgerald Kennedy, tellement ce dernier était entouré de gens susceptibles de faire échec à la moindre tentative – le chauffeur de la limousine présidentielle, les agents du service secret courant près de la voiture. Jackie elle-même, si proche, et qui aurait bien fait rempart de son corps.

« Malgré les années, elle s'en voulait toujours, a raconté Arthur Schlesinger Junior. Elle m'a dit un jour : "Si seulement j'avais insisté pour avoir un toit en plexiglas. Si seulement je m'étais tournée plutôt sur ma droite. Si seulement j'avais tenté quelque chose pour le sauver."

— Qu'auriez-vous pu faire ? lui ai-je alors demandé. Mais elle n'a pas répondu. »

Il y avait eu cette tentative désespérée pour alerter les gardes du corps, afin qu'ils *couvrent* le Président. Elle s'était hissée à genoux sur la plage arrière pour les appeler au secours. C'était dérisoire mais courageux. Certains avaient voulu croire que c'était une tentative de fuite, la peur aux trousses. C'était une pensée odieuse.

Ce qu'elle voulait maintenant, c'était protéger ses enfants. Les aider à grandir. Pendant toutes les années qui suivraient l'assassinat de leur père, elle manifesterait une insatiable inquiétude pour eux. Leur sécurité était l'une de ses angoisses permanentes. Malgré la protection dont ils bénéficiaient, Jackie tremblait à chaque instant.

Sa plus grande crainte venait moins de l'extérieur que du cœur familial. Elle avait peur que John et Caroline puissent succomber à la fameuse *malédiction Kennedy*. Et sans doute n'avait-elle pas tort.

John et Caroline seraient, longtemps, les seuls à échapper au destin chaotique de la jeune génération Kennedy. Dans les années à venir, tous les deux ans en moyenne, un membre de la famille serait victime d'un horrible accident dont il se remettrait plus ou moins bien, ou au cours duquel il perdrait la vie. Sans compter les scandales dont le plus détonnant avait été celui qui impliquerait, en 1969, Ted Kennedy, le dernier des frères, le privant à jamais de postuler à l'élection présidentielle[2].

John et Caroline étaient restés à l'abri de ce genre de drames. Ils étaient d'ailleurs les seuls Kennedy à ne pas passer leurs étés à Hyannis Port dont Jackie voulait les tenir

2. Le sénateur Kennedy avait eu, sous l'emprise de l'alcool, un accident en pleine nuit, alors qu'il était en compagnie de sa secrétaire et maîtresse, Mary-Jo Kopechne. Sa voiture, dont il avait perdu le contrôle, était tombée dans le lac de Chappaquiddick. Ted Kennedy avait pu quitter le véhicule avant qu'il soit englouti, mais il avait aussi abandonné à son sort Mary-Jo Kopechne, morte noyée. Le scandale avait été retentissant, le sénateur ayant laissé passer plusieurs heures avant de prévenir les autorités.

éloignés. Cela leur avait permis d'échapper, dès l'enfance, à l'esprit de compétition acharnée qui régissait la vie du clan, pour le plus grand dégoût de Jackie.

Quoi qu'on en ait pu dire, celle-ci n'aurait jamais de souci financier. Les assurances vie laissées par John, les différentes pensions, la fortune des Kennedy, toujours à sa disposition et à celle des enfants, tout cela lui permettait d'être à l'aise sur ce point. Elle avait acheté un appartement de quatorze pièces sur la 5e Avenue, à New York. Et le garderait jusqu'au bout de sa vie. Elle avait toujours aimé New York et tout ce qui s'y rattachait. Une force invisible l'y ramenait toujours et c'est donc là qu'elle avait choisi d'y élever ses enfants.

Quand il s'agissait de prendre l'air, le week-end ou l'été venu, elle avait aussi choisi de s'éloigner des Kennedy en achetant une grange « mal transformée » selon ses propres termes, de dix pièces, à Bernardsville, dans le New Jersey. Elle pourrait y faire du cheval dans les kilomètres d'allées cavalières qui s'offriraient à elle et à ses enfants.

Peu à peu, elle donna l'impression non pas de reprendre goût à la vie, cela n'arriverait jamais, mais au moins de recommencer à exister. Elle voyageait à nouveau, commençait de fréquenter la jet-set, d'organiser parfois des réceptions où elle invitait pêle-mêle Leonard Bernstein, Maurice Chevalier, Samy Davis Junior, Andy Warhol, le cinéaste Mike Nichols. Elle avait même appris à danser le twist et le swing. C'était une manière de se distraire de son infini chagrin.

En 1965, on la vit en vacances à Aspen, dans le Colorado, à Acapulco, Londres, Newport et Sun Valley. En 1966, on la retrouvait à Gstaad, Rome, Buenos Aires, Madrid, Séville, et quelques autres destinations. En 1967, elle se trouvait à Antigua, Montréal, Acapulco, Londres, Dublin, Florence et Rome. Elle donnait l'impression de ne plus prendre le temps de respirer ni de penser.

Quatre ans après la mort de Jack, Jackie avait désormais 38 ans, elle était mère de deux enfants âgés de 10 et 7 ans, et le monde entier imaginait qu'elle pourrait passer le reste de sa vie sur ce piédestal virginal. On ne l'appelait pas encore la veuve, cela viendrait au moment où, justement, elle aurait changé de statut.

Personne n'imaginait qu'elle pourrait avoir une nouvelle vie dans laquelle l'amour, ou tout au moins une relation sentimentale, aurait sa part. Personne, et sans doute pas même elle, car dans le cas où elle en aurait eu envie, elle aurait pu se l'interdire. Déjà pour ne pas blesser sa belle-mère, avec laquelle elle était beaucoup plus liée depuis la mort de Jack, ou son beau-frère Bobby, avec lequel elle s'était toujours bien entendue et qui, depuis l'assassinat, s'évertuait à la protéger chaque jour autant qu'il le pouvait et à veiller aussi avec affection, sur ses deux neveux.

Elle avait eu quelques aventures restées secrètes, et fugitives. Il n'était pas question d'étaler quoi que ce fût sur la place publique. Elle ne tenait pas particulièrement à protéger son image, mais celle de son couple, de son mariage. Le souvenir de Jack restait son obsession.

C'est vers la fin de l'année 1967 que le milliardaire Aristote Onassis, avec lequel elle avait passé quelques jours de croisière à l'automne 1963, réapparut, aux yeux des médias, dans l'entourage de Jackie. Rien ne disait qu'il n'était pas déjà présent depuis quelques années. En toute discrétion.

Jackie et Aristote Onassis étaient de plus en plus souvent associés. On les voyait ensemble fréquemment, surtout en Europe. Le milliardaire n'avait toujours pas bonne presse aux États-Unis, où l'on considérait que Jackie était *intouchable*. Au mois de mars 1968, on les aperçut au *Mykonos*, un restaurant grec de Manhattan, mais à table il y avait aussi Margot Fonteyn et Rudolf Noureev. Ce qui permettait de ne pas trop attirer l'attention. Il est tout à fait possible de penser que ce qui s'était résumé, depuis quelques années, à une sorte de complicité sans équivoque, était en train de tourner à l'amitié amoureuse. Rien ne permettait, en même temps, de prétendre que Jackie songeait à franchir un pas immense : entrer dans une relation officielle avec un homme.

Onassis était le parfait chevalier servant, protecteur vis-à-vis des enfants de Jackie, sécurisant lorsqu'il était avec elle. Et ne se livrant jamais à des demandes insensées.

Après bien des années de silence, d'enfermement, et de pensées morbides, la jeune femme était en train d'atteindre une forme de vie harmonieuse. C'était un élan modeste, mais qui promettait pour l'avenir.

Le 4 avril 1968, l'élan allait être brisé une première fois, quand le Dr Martin Luther King fut assassiné à Memphis. Il avait 39 ans. Jackie avait suivi et soutenu toute son action dans sa lutte pour les droits civiques et s'était jointe à lui et à Robert Kennedy pour manifester contre le conflit vietnamien. Sa mort, qui la remettait évidemment face à ses souvenirs tragiques, la touchait profondément, au point que sa première idée fut de se précipiter à Atlanta pour consoler la veuve de Martin Luther King et assister en amie aux funérailles.

L'avenir n'avait plus de couleur. Les sombres pensées revenaient comme une marée, et même la gentillesse d'Aristote Onassis semblait bien impuissante. Jackie était sur le point de retomber en dépression. Pour lui permettre d'échapper à ce nouveau carcan de tristesse et de mélancolie, Ari proposa une petite croisière dans les Caraïbes.

Le couple s'embarqua sur le *Christina*, en Floride, et avant de partir, il fit un détour par Newport : Jackie voulait présenter Onassis à sa mère et à son beau-père.

Le 5 juin, juste après minuit, la vie nouvelle qu'essayait de construire Jackie Kennedy depuis quatre ans allait basculer définitivement. Elle se trouvait à l'époque à New York et c'est là qu'elle apprenait la nouvelle : à Los Angeles, juste après minuit et immédiatement après sa victoire aux primaires démocrates pour la présidentielle, Robert Kennedy avait été abattu de deux balles dans la tête alors qu'il s'apprêtait à quitter l'hôtel Ambassador en passant par les cuisines pour plus de sécurité ! Bobby Kennedy n'était pas mort tout de suite. Après une intervention en urgence, il s'était accroché à la vie toute la journée.

C'est en début de soirée que Jackie arriva, seule, à bord d'un avion privé loué par Ari. L'un et l'autre savaient qu'il aurait été mal compris qu'Ari l'accompagnât. Au chevet de Bobby, serrée contre Ethel, sa femme, priant avec deux autres belles-sœurs, Jackie ne pouvait pas s'empêcher de replonger dans des souvenirs sanglants. Le cauchemar recommençait. Presque identique. Le regard fixe, pétrifiée dans son chagrin, elle assistait à l'agonie puis à la mort, au milieu de la nuit du 6 juin, de Bobby Kennedy, 42 ans, l'héritier du clan, le successeur désigné de John, ce frère qu'il avait tellement aimé.

Lors des funérailles à la cathédrale Saint-Patrick de New York, l'allure hagarde, hébétée, de Jackie, fit craindre à ses proches et à ses plus vieux amis, comme Lady Bird Johnson, qu'elle fût à nouveau entrée en dépression nerveuse. Elle apparaissait diminuée, au bord de l'effondrement. C'était en partie vrai, mais dans ce moment où tous ceux qui l'aimaient craignaient le pire, elle montra une force incroyable pour définitivement prendre en main son destin.

Depuis plusieurs mois, Aristote Onassis lui proposait de l'épouser. Dans l'esprit de Jackie, il n'en était pas question. Ç'aurait été une trahison envers Jack. Cette fois, quelques jours après la mort de Bobby, elle décida de lui dire oui. Avec une sorte de fureur, presque de violence, qui fit croire à celui-ci que peut-être il s'agissait d'un coup de tête qu'elle risquait de regretter plus tard. Il lui demanda de réfléchir, de prendre son temps. Rien ne pressait.

Alors, elle laissa éclater une vraie colère, cette fois :

« Je n'ai pas de temps. Nous n'avons pas de temps devant nous. Je suis terrifiée. »

Elle ne savait plus quoi faire pour protéger ses enfants sinon fuir.

« Si tu veux de moi, marions-nous et allons vivre en Europe, c'est ma condition. Que l'Amérique n'entende plus parler des enfants Kennedy ! »

Dans les années qui suivront ce mariage le 20 octobre 1968, Jackie et ses enfants vivront le plus souvent en France ou en Grèce. Loin des États-Unis que Jackie avait commencé de haïr.

Le secret de son mariage avec Onassis, ce n'est donc que cela, l'histoire d'une mère qui a pensé en une seconde qu'après l'assassinat de son mari puis celui de son beau-frère, le prochain sur la liste, quels que soient le jour et l'heure, serait son fils, le nouvel héritier. Elle ne voulait pas de ce destin pour John-John et la seule manière d'y échapper, c'était la fuite.

« Je voulais m'en aller, dira-t-elle bien plus tard. Ils tuaient les Kennedy, et je ne voulais pas qu'ils fassent du mal à mes enfants. Je voulais m'échapper. Je voulais être dans un endroit sûr. »

En épousant Aristote Onassis, en partant avec lui en Europe, elle coupait brutalement avec l'Amérique, et toute l'idolâtrie qui s'attachait à sa personne et à celle de ses enfants.

Ce n'était pas une explication qui pouvait convenir à ceux qui avaient depuis longtemps des comptes à régler avec elle. Mille raisons devaient être avancées à propos de ce mariage surprenant. La plupart étaient peu reluisantes, parfois même insultantes envers Jackie. Elle aurait choisi la fortune pour la bonne raison qu'elle n'avait jamais assez d'argent. On la décrivait comme un rapace, seulement préoccupée d'amasser des sommes colossales, sans cœur, sans affect. Les médias l'avaient vite surnommée *Jackie O.* Il y eut des livres sans élégance sur elle, des romans tapageurs qui reprenaient systématiquement le même schéma, une sorte de veuve cupide qui se serait transformée en tante Picsou. La cupidité aurait été sa seule motivation dans la vie. Fallait-il la souiller à ce point pour que l'Amérique se sente moins coupable ?

Lors des funérailles de son mari, Jackie avait donné au monde entier une exceptionnelle leçon de dignité et de solennité. Elle avait gagné pour toujours le respect de tous. Et imposé respect et grandeur pour le souvenir de John Fitzgerald Kennedy.

Le 25 novembre 1963, jour des obsèques, elle avait aussi, d'une certaine manière, obligé l'Amérique à marcher d'un seul pas derrière le cercueil de son mari, comme pour réclamer son pardon. Une sorte de mortification finale. Pour elle, qui ne croyait pas au meurtre isolé, il s'agissait de dire au pays tout entier :

« Regardez ce que vous avez fait ! »

Il fallait bien lui faire payer cet affront, tôt ou tard. Restait à trouver le prétexte, et le mariage avec Onassis en était un excellent. Le jour était venu de la transformer en caricature en lui inventant un personnage sordide.

Rien de cela n'était vrai, bien sûr, et trente ans plus tard, elle avait, à force d'humilité, de discrétion, changé à nouveau son image. À force de travail aussi car, tout de suite après la mort d'Onassis, en 1975, alors qu'elle avait hérité d'une somme de vingt-six millions de dollars, elle avait recommencé à travailler, dans l'édition, un métier qui la passionnait, et devait le faire chaque jour de sa vie jusqu'à ce qu'elle fût atteinte du cancer qui devait l'emporter en 1994.

Elle avait coupé le lien, et réussi ce miracle : *ses* enfants Kennedy étaient devenus, par la grâce d'un mariage, des enfants anonymes. Il faudrait bien des années encore pour que l'on revoie John-John Kennedy en couverture d'un magazine, mais il était déjà adulte, lancé dans une vie qui n'avait rien à voir avec la politique, et à l'abri semblait-il de la malédiction des Kennedy.

Jackie était morte depuis cinq ans lorsque John-John se tua aux commandes d'un petit avion de tourisme volant dans des conditions météorologiques épouvantables. C'était en 1999. Malgré les risques évidents, le jeune homme avait décollé en l'absence de son moniteur, ce qui lui était interdit. Mais il était pressé, la maladie des Kennedy. De son vivant, Jackie s'était toujours opposée à ce que son fils passe un brevet de pilote. Et il lui avait obéi.

Table

Crédits photographiques

p. 1 – *En haut* : © AP/Sipa. *En bas* : © J.F.K. Library/Polaris/Starface.
p. 2 – *En haut* : © Polaris/Starface. *En bas* : © Starface.
p. 3 – *En haut* : © Dalmas/Sipa. *En bas* : © Universal Photo/Sipa.
p. 4 – *En haut* : © J.F.K. Library/Sipa. *En bas* : © AP/Sipa.
p. 5 – *En haut* : © Kobal/Shutterstock/Sipa. *Au centre* : AP/Sipa. *En bas* : © Sipa.
p. 6 – *En haut* : © AP/Sipa. *Au centre* : Zuma/Sipa. *En bas* : © Ted Russell/Polaris/Starface.
p. 7 – *En haut* : © Los Angeles Times/Polaris/Starface. *En bas* : © Zuma/Sipa.
p. 8 – © J.F.K. Library/Sipa.

Du même auteur
(suite)

Livres illustrés

Demain est à nous, Gründ, 2019.
Johnny, photographies de Daniel Angeli, Gründ, 2017.
Inventaire amoureux de l'Euro, avec Eugene Saccomano, Gründ, 2016.
Vies privées : Daniel Angeli, 40 ans de photographies, Gründ, 2015.
Coluche, le livre du souvenir, Sand, 1993.
Montand, le livre du souvenir, Sand, 1992 ; J'ai lu, 2011.
Gainsbourg, le livre du souvenir, Sand, 1991.

Achevé d'imprimer par
LA NOUVELLE IMPRIMERIE LABALLERY,
en octobre 2023,
N° d'imprimeur : 309276
Dépôt légal : novembre 2023

Imprimé en France